25億の借金をしても沖縄・瀬長島につくりたかったもの

ホワイト・ベアーファミリー代表取締役
近藤康生

ダイヤモンド社

はじめに

「え？　今なんて？」

２０１５年7月25日、沖縄県豊見城市《とみぐすくし》。私は携帯に耳を押し付け、兼城《かねしろ》の声に集中した。「許可が下りない」と言ったようだ。まさか。

「設備が完成していない、と言うんですよ」

折しも天気予報は明日、台風12号が沖縄本島に上陸すると告げていた。轟音《ごうおん》に目を上げると、蒼穹《そうきゅう》を覆うように白い旅客機が横切っている。今日はこんなに晴れているのに……またか。

「仕方ない、オープンは延期せんといかんね」

この翌日、私は那覇空港のすぐ近くにある小島、瀬長島《せながしま》に「ウミカジテラス」と名付けた新しいスタイルの屋台村をオープンさせようとしていた。

先に開業していた「琉球温泉 瀬長島ホテル」に向かう傾斜地に建てられたこの村は、沖縄県では珍しいオープンテラス形式のレストランとショップのモール（遊歩道）。南の島の心地よい海風を存分に浴びながら食事をし、お酒を飲み、買い物やそぞろ歩きを楽しむことができる。「沖縄の文化を集約した商業施設を作ろう」という呼び掛けに応じて、30数軒のテナントが集まってくれた。地中海をイメージした白い壁面は昼にまぶしく、夜ともなれば40本の松明《たいまつ》に火が灯って幻想的なシーンを演出してくれる。

空港から15分で行ける便利さ、くっきりとした青空に手が届きそうな大きさで飛行機が飛ぶ、ここでしか見られない強烈な光景、そして温泉。「最近、瀬長島、変わったよね」と地元でも話題になっているところにこのウミカジテラスが加われば、この夏、沖縄の「主役」は瀬長島で決まりと言っていい。

……はずだったが、またしても「許可」と「天災」に行く手を阻まれた。

いくらなんでもプレオープンの今日までには下りるはずだった県の開業許可が、間に合わない。

足湯というささいな付帯設備の完成の遅れを問題視されたのだという。これは一般的に、施設の開業後に行っても全く問題のない残工事の類《たぐい》である。朝から県庁に詰め、状況を報告してくれる兼城賢成《よしなり》も、困惑した声を出している。彼はウミカジテラスを運営する「WBFリゾート沖縄」の社長だ。

また台風12号は案の定、沖縄と奄美《あまみ》を直撃。オープン予定の26日は飛行機の欠航も相次ぐ大荒れとなった。

しかし、私はたいして気落ちしていなかった。瀬長島ホテルとウミカジテラスを作るまで、どれだけのトラブルを越えてきただろう。ウミカジテラスを楽しみにしてくれるお客様、またテナントの皆様には誠に申し訳ないが、オープンが数日遅れる程度のアクシデントには、「もうええ、もう、慣れた」という心境だった。

私は大阪に本社を置く中堅旅行会社の社長である。沖縄では珍しい温泉つきホテルと屋台村を一から瀬長島に作りあげ、子会社にその経営を預け、あげく社長の座を返上して同社を上場させた。

瀬長島は那覇市に隣接する豊見城市沖にあり、那覇空港から車で15分の好立地である。しかし空港のすぐ近くゆえの行政上の制約、古い因縁《いんねん》ゆえの感情的制約などなどで「開発はほぼ無理」ともいわれていた。しかし私は「なぜか」この島に温泉があったらいいと思いついてしまい、個人の保証で25億円の借金を背負って、この島に小さなリゾートを開発した。その顛末《てんまつ》をまとめたのが本書である。

さて、のっけから波乱万丈だったウミカジテラスだが、その後の8月1日に無事、グランドオープンを迎えた。

自信を持って提案した企画ではあったが、ありがたいことに、思った以上に評判がいい。SNS等でのコメントも悪くない。

「こういう施設がほしかった」という、地元の方の意見が多いのが何よりだ。テナントになりたいという企業からの問い合わせも後を絶たない。

当面の来場者目標は年間100万人。客単価は控えめに1000円として、計10億円だ。単純平均すれば1日当たりの売上が300万円ほどになる。この原稿を書いている時点では、この目標に対して7割ほどの達成率だが、スタートに際して多少、足元をすくわれたことを思えば、十分に満足できる出足と言える。

そもそも沖縄スタイルのお出かけと言えば、エアコンの効いた全天候型施設のあいだを車で移動するもの。ビーチではもちろん太陽の光を満喫するのだが、食事となると、外で食べるという習慣があまりない。ましてや現在、亜熱帯化しつつある日本では天候不順の日も多い。そんな意味でリスクも少なくないオープンテラスだったが、まずは上々の滑り出しを迎えることができ、本当に安心した。

常識から外れるせいだろうか、私が手掛けるプロジェクトは途中で「大丈夫ですか、社長」と心配されることが多い。特に暑い沖縄で温泉を掘る、あえて外で飲食してもらう商業施設を作るなど、瀬長島案件については家族にさえ心配を掛けたようだ。男のロマンと言ってしまえば陳腐かもしれない。馬鹿と言われればそれまでだ。だが、瀬長島と出会って何とかリゾートを作りあげた経験は、私の「本職」である旅行業にも多くの気づきを与えてくれた。

本書の内容はプロジェクトの成功譚としても、経営者の回顧録としても、「まだ道半ば」の印象を持たれるかもしれない。しかし聞いてほしい。これは、ゼロと思われた市場を掘り起こし、10年以上を掛けてしっかりとした橋頭堡《きょうとうほ》を築きあげた、ある種の「マーケティングの勝利」とでも言える開発ストーリーだ。

しかもそれは、大きな資本で力ずくに達成させたのではない。小さな旅行会社でしかない我々が、苦難と努力、そして地元の皆さんとの共創によって成し遂げたのである。

地元の人が集《つど》い、だからこそ国内の観光客が集い、さらにインバウンドを担うアジアをはじめとする海外からのツーリストが集う……そんな「チャンプルーリゾート」の、これは提案である。

本人でありながら、まだまだ途上でありながら、だから大いに不遜《ふそん》と思われるかもしれないが、あえてその「成功物語」なのだと言わせてもらいたい。「新しいビジネスをしたい」と日夜戦っている全国のビジネス戦士に、ほんのわずかでもヒントと元気を提供できたら幸甚だと思っている。

２０１５年11月吉日　近藤康生

25億の借金をしても沖縄・瀬長島につくりたかったもの

目次

第一章

銀行に見捨てられた日

代えがたい出会い

「社長、本気ですか？　そんなビジネスに投資されるのなら、今後の融資は考えないといけませんが……」

メインバンクの言葉である。何年か後にこの銀行は結局、応援してくれることになるのだが、その時は本気で手を引こうと思ったのだろう。

私が代表を務める株式会社ホワイト・ベアーファミリー（略称ＷＢＦ）は従業員１５０人程度の旅行会社で、インターネットを使ったパッケージツアーの企画・販売が主なビジネスである。確かに「そんなビジネス」、つまり沖縄の小島にリゾート地を作る計画なんて、本来のわが社の仕事にはあたらない。

銀行にそう言われたあの日のことはよく覚えている。このプロジェクトは、それほどまでに無茶なものだった。

瀬長島ホテルを建設、運営する会社はホワイト・ベアーファミリーの完全子会社「ジオ」である。当然、親会社のメインバンクにそっぽを向かれては何もできない。

しかし、それでも私はひるまなかった。

沖縄県豊見城市《とみぐすくし》・瀬長島。那覇空港のすぐ南側に位置し、着陸の際は飛行機の窓から島が間近に見えるほどに近い場所にある。昔は遠浅で、干潮の時は対岸の伊良波《いらは》のムラから海の中を歩いて渡れたという。第二次世界大戦後は飛行場に付帯する土地として米軍に接収され、島と陸をつなぐ海中道路が米軍によって整備された。島と施設が豊見城市に返還されたのは1978年。しかし開発を原則的に許さない市街化調整区域であるために、返還後も開発計画が俎上《そじょう》に載せられることはなかった。

米軍に返還されて27年経った、2005年。私はある人からこの島の存在を教えてもらい、瀬長島に立っていた。

当地の伝説では豊見城で最初に神が降りたのがこの島だといい、米軍接収前は多くの拝所《はいしょ》もあった。地元の人は今も龍神様が住む島として瀬長島を崇《あが》めているそうだ。180度以上に開ける海岸線に夕日が沈む抜群のロケーションで、デートコースのメッカでもあるという。そんな説明を聞きながらも、私の目の前にあるこの浜辺は荒れ果て、なだらかな丘は雑草と大量のゴミに覆われていた。

しかし、私には目前の「ゴミの島」の上に、別のビジョンが見えてしまっていた。

「ああ、こんな場所で温泉に入ってのんびりしたい。きっと極楽だろうな」

沖縄の人間ではない私が、ひと気のない島と海という絶景にぶつかったからこそ浮かんだ妄想なのかもしれないが、その印象は極めて強く、あの瞬間のことは、今でも鮮明に脳裏に焼き付いている。

本書でこれから縷々《るる》述べるように、私は結局、私費を投じてボーリングをし、この島に温泉を掘り当てることになる。しかし南の島に温泉とは、我ながら難儀な思いつきだった。沖縄県にも温泉のある宿がないわけではないが、その数は極めて少なく、温泉を売りにしている宿はなかった。「沖縄で温泉に入る」という遊び方がピンとくる人は、関係者の中にもほとんどいなかった。

沖縄の売りと言えば恩納村《おんなそん》に代表されるような素晴らしいビーチだ。沖縄本島北部や宮古島など自然がたっぷり残る地域で巨大なホテルに泊まり、海水浴を楽しむのが沖縄旅行の醍醐味《だいごみ》。一方、瀬長島を取り巻く海はひどく浅い岩場で、泳げるようなビーチではない。

空港そばの、騒音が心配な立地にして、かつビーチもない場所にホテルを建てるという私の計画は、魚のいない池に釣り糸を垂れるような行為に見えたかもしれない。しか

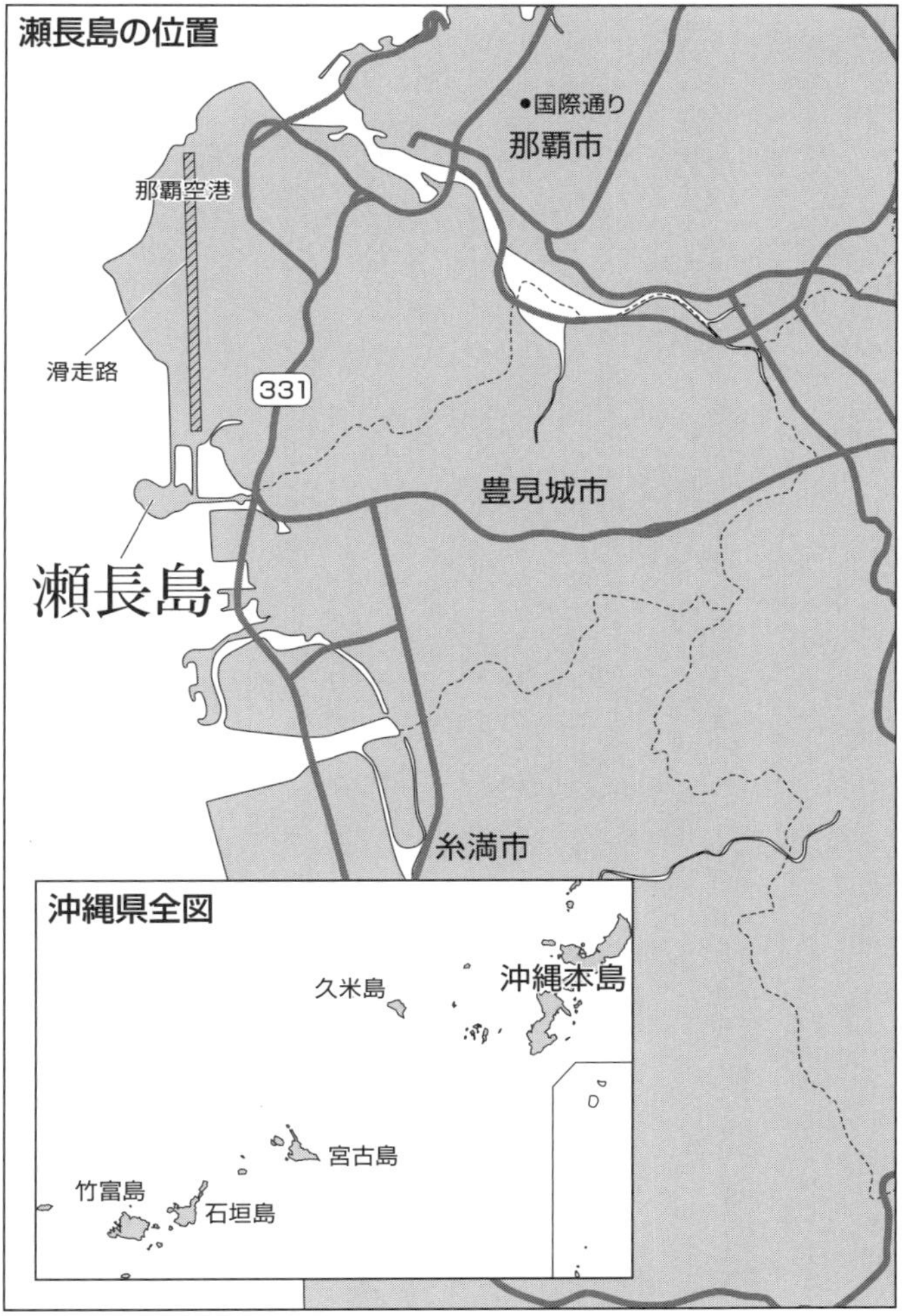
瀬長島の位置
国際通り
那覇市
那覇空港
滑走路
331
豊見城市
瀬長島
糸満市
沖縄県全図
沖縄本島
久米島
宮古島
竹富島
石垣島

し、初めてこの地を訪れた時に得たインスピレーションは、何ものにも負けない確信として私の中に根を張っていた。

「ここで、この景色を見て、温泉に浸かる」

それこそ、後にウミカジテラスができる場所に立って海を眺めた時、そう決めた。それは私にとって、メインバンクの忠告よりもしたがうべき理想と思えた。神の啓示のように訪れた「私の答え」だった。いま振り返れば、この圧倒的な答えの前には、どんな苦労も小さなことだったと思う。ともかく私は、それをしゃにむに実現させたかったのだ。

そこからどんな道のりがあったのか、それはのちほど紹介させていただく。まずは私と沖縄の出会いと、ここに至るまでの来《こ》し方について、お話しさせていただきたい。

原点は3億と3000万円の「投資」

現在、瀬長島ホテルとウミカジテラスを運営しているWBFリゾート沖縄株式会社は、前身をジオ株式会社という。1990年、大阪に設立。ジオの最初の姿は、今とは全く違うものだった。不動産会社として設立されたのである。

ホワイト・ベアーファミリーはその直前に恩納村のムーンビーチの裏手にあった10 0坪ほどの土地を買い取り、16部屋のコンドミニアムを作っていた。お金がなかったので、出来上がった部屋はすぐ分譲しなければならない。その分譲を行う不動産会社としてジオ株式会社を設立したのだ。

ホワイト・ベアーファミリーを設立したのはさらに遡る1981年。が、それ以前から も、私は沖縄と旅行ビジネスでかかわっていた。沖縄と北海道は日本の観光業にとって非常に重要な場所である以上に、私の大好きなダイビングとスキーのメッカだったからだ。

私の旅行ビジネスは学生、厳密に言えば高校3年生のときに始まる。最初はスキーツアー、それもバスをチャーターして行くツアーの企画運営だった。その話は第2章でもう少し詳しく紹介したいが、スキーツアーだけでは夏が暇なので、当時ブームになりつつあった与論島《よろんとう》のツアーを始めた。やがてツアーは拡大し、旅客機を使って沖縄に行くようにもなった。

私はスキーが好きだったが、ダイビングにも目がなかった。スキーツアーから始まって今度は南の与論島や沖縄に人を送客したのも、自分の好きなものを皆にも楽しんでもらいたいと思ったからだ。

ダイビングを始めたのは高校生のころである。関西学院高等部からそのまま関西学院大学に進学したものの、心の奥底では、東海大学の海洋学部に行きたいと思っていた。一時期はそれほど海の中の世界に魅せられたのだ。

高校2年のときに、オープンウォーターの最もベーシックなライセンスを取得した。当時はダイビングをやっている高校生などほとんどいなかったので、ダイビングショップに通っていると、店の人や常連客に可愛がられた。

恩納村の土地を買いに行ったのは、そんな私にとって、その土地の立地が理想的だったからだ。何と言っても、裏手が漁港である。そこには1軒、土地を借りて営業しているとおぼしいウィンドサーフィンショップがあるだけだ。この場所を偶然、初めて見た時、ここにダイビング専用の宿泊施設を開こうと思った。

ダイビング好きの夢は、自前のダイビングボートを持つことだ。それがクルーザーなら言うことはない。後ろの港にはクルーザーを停泊させて、基地としてここからお客様をダイビングに連れて行けたら最高だ……。そんなイメージを膨らませるうち、どうしても実現させたくなった。

やっぱり自分はバカなのかもしれない。真っ直ぐに、その土地のオーナーに掛け合った。何回か通ううち「売ってくれる」という話になったが、条件があった。

「そこで開業しているウィンドサーフィンショップが、明け渡してくれるのであれば」という条件だ。しかし、その交渉はこちらでやらなくてはいけなかった。もちろん、私に財力や何か特別な切り札があるわけではない。日参して、誠心誠意お願いする以外に方法はない。

幸いなことに、それほどの時間もかからずショップとの話し合いはつき、晴れてその土地を購入することができた。立ち退き料もそう掛からなかった。

もっとも、大変なのはそこからだ。大成建設に3億円で依頼して、16部屋のコンドミニアムを作る。建物に目途がついたら、今度は船だ。いろいろと調べ、特に当時から最先端のダイビングショップとして知られていた「ダイビングチームうなりざき」の意見を参考に、博多にある造船場に依頼することにした。完全オーダーである。出掛けていって、希望を伝え、図面を描いてもらって、ダイビング専用のクルーザーを独自に作ることとしたのだ。こちらの費用は３０００万円だった。

それだけの投資をして、出来上がったコンドミニアムを分譲し、ダイビング・ビジネスをスタートさせた。

——と書くと、それこそ順風満帆《じゅんぷうまんぱん》に聞こえるかもしれないが、実際はそううまく行くはずもなかった。

「喜ばせたい」に真っ直ぐ

私が旅行業を生業《なりわい》にしていった経緯は第二章で語らせてもらうが、学生のころと今と、私のスタンスはそれほど変わらない。ブレないと言えば聞こえがいいが、成長していないのかもしれない。いわばいくつになってもバカなままだと思う。反省しているわけではない。そんな自分が私は好きなのだ。

そのスタンスとは、第一に「自分がやりたいと思うことしかやらない」というものだ。

「スキーに行きたい！」「ここを基地にしてダイビングツアーに出掛けたら素敵だろう」

「こんな場所で露天風呂に入ったら、気持ちいいに決まっている！」

すべて同じだ。商売っ気が最初からあるわけではないし、儲けたいと思っているわけでもないのだが、一人で楽しみたい、家族と楽しみたいとも不思議に思わず、「皆で楽しみたい」と考える。さらには自分が一緒に楽しむより、「皆を喜ばせたい」。それがいつの間にか、「お客様を喜ばせたい」というふうに変化していくのだ。ここまでさまざまな案件、企画において、いつもそんな妄想と夢ばかりを追いかけてきた。

いくらダイビングが好きだからと言っても、普通なら、ムーンビーチの裏の漁港を見て、ここに（当時で言えば）ダイバー専用のペンションを建てようとは発想しない。また「直接、クルーザーに乗って潜りに行けたらいいなぁ」とも思わない。たとえ思っても、実際にはやらないだろう。

ところが私はやってしまう。本当に土地を買いに行く。売りに出ているわけでもないのに、人から紹介されたわけでもないのに、ただやみくもに、「売ってくれ！」と交渉に出掛けてしまう。

そのころには自分のことなど忘れている。「お客様を連れていって喜ばせたい」としか思っていない。実際、コンドミニアムが完成してから、私もプライベートで何回かダイビングに出掛けたが、全部で10回にも満たなかったと思う。

総額3億3000万円は当然、大変な額だ。実を言えば、こんなふうにさらっと言える額などでは決してない。それでも、あまりそのことは考えなかった。その結果、大成建設と契約をする際には与信が通らず、融資証明が必要だと言われた。先方は一部上場企業だから当然だが、不遜《ふそん》にもその時は「こいつ、こっちがお客様なのに偉そうなことを言うな」と思った（もちろん思っただけだ、口にはできない）。

メインバンクに融資証明をもらうのも、一筋縄ではいかなかった。資金繰りは、今に至るも全く簡単ではないのだから。

そんなこんなでようやく完成したコンドミニアムが、ホワイト・ベアーファミリーが沖縄に残す最初の足跡だった。しかし、一部屋3000万円で売りに出した物件の売れ行きは芳《かんば》しくなく、値下げもしたし、私が個人で購入、父親にも買ってもらった。何とか完売して原価は回収したものの、身内の購入比率が高く、ビジネスとして成り立ったとは、とてもいえない。

90年代の私は夢を形にしたかったし、さらにはここを、沖縄におけるダイビングのメッカの一つにしたかった。しかしこの時は妄想に現実が追いつかなかった。16部屋という規模では大きく花開くビジネスにはならず、そもそもダイビング・サービスはあまり儲かるわけではない。そんなことはわかっていたが、「やってみたかった」のである。

ただし付け加えておくと、その後、かの地でのダイビング・ビジネスは堅調に回り始めて、それは今でも続いている。

施設名は「ピンクマーリンクラブ」という。現在はホワイト・ベアーファミリーのものではなく、WBF創業メンバーの一人がその商売を引き継いで立派に営業を続けている。スキューバダイビング教室、体験ダイビング、サーフィンショップを運営中だ。

話をジオに戻そう。先に述べたように、ジオはそのコンドミニアムを分譲するために不動産のライセンスを採って設立させた会社だった。コンドミニアムの運営は別会社だったため、ジオ株式会社はその後、実質的には長い休眠状態に入る。

その一方で、ホワイト・ベアーファミリーの沖縄への送客は順調に伸び、沖縄は北海道と並ぶ不動のドル箱になった。沖縄観光に対する知見が徐々に蓄積されていった。

ホワイト・ベアーファミリーのリソースを使って沖縄で何ができるか。ここまでに述べたような試行錯誤を経て２００３年、ジオ株式会社の眠りを覚まさせ、沖縄に本社を移転した。ある意味ではこれがジオの本当の創業だ。

旅行会社がホテル事業を始めた理由

正直に言って、ジオという会社自体に思い入れがあったわけではない。沖縄で新たな展開をするために株式会社を設立する必要があり、休眠状態にあったこの会社を活用するほうが、新たに創業するよりも効率的だと思ったにすぎない。

ジオは沖縄で何を始めたか。ホテル事業、さらにレンタカー事業である。10年の歳月を経て瀬長島ホテルに続いていく話なので、まずは沖縄のホテル事業について、少し詳しく説明しよう。

沖縄に再生させたジオは２００４年、ホワイト・ベアーファミリーの新たな一歩としてビジネスホテルのチェーン「ラッソ」ブランドを立ち上げた。ホテルの中古物件を買って自社運営したり、他社が所有する物件の運営も受託する、つまりは初期投資が少なくて済む運営中心の業態である。

当時、ホテル業界では東横インが著しく成長し、追随するようにルートインやスーパーホテルなども大きくなっていた。宿泊特化型のホテルチェーンで、朝食が無料。パンと卵とコーヒーが1階のカフェスペースに用意されているだけというスタイルだ。今ではよく見る光景だが、当時は珍しく、リーズナブルに泊まって翌日の行動に備えたい層に受けた。那覇にも東横インが登場していた。

それまで観光地のホテルといえば基本はツイン、2名一室が常識とされていたが、嗜好の細分化にしたがい、観光旅行でもシングルルームのニーズが出始めていた。ホワイト・ベアーファミリーは旅行代理店だから、当然エージェントとして東横インに仕入れ、つまり旅客の宿泊を依頼した。しかし、それが断られたのである。彼らは直接販売が主で、エージェントには卸さないとの回答だった。

そこで私はまた妄想してしまった。「卸してくれないなら、自前で作ればいい」

東横インなどでは5000円から6000円でシングルルームを売っていた。それより安いチェーンも登場していたが、自分たちでやるならいくらでもリーズナブルな価格設定ができると思った。

さらにこちらは旅行業である。自社にお客様さえいれば、そのホテルに送客できる。送客の受け皿としてホテルチェーンを設立するのは、ごく自然な発想と思えた。

ホテル運営の正確なノウハウなどなかったが、「何とかなる」と私は考えていた。先に述べたように、恩納村では土地を買って建物を建て、分譲を果たしていたし、なんといっても旅行業なら学生のころからやっているのだ。

実は昔々、長野県で80人以上が泊まれるロッヂを運営したことがある。栂池《つがいけ》高原にスキーバスツアーを企画するにあたり、最初に宿泊交渉に行ったロッヂだった。私は大学の2回生。こちらも学生だったが、そこを経営しているのも大学を出て間もない若者3人組だった。当初は泊めてもらう立場だったが、3人組の中から結婚して離脱する者が出るなどして運営が難しくなったと聞き、私たちが買い取ろうと決意した（ホワイトビューと名付けたこのロッヂはその後、恩納村の物件同様グループ会社へ移管、現在はクローズしている）。

そうした近接領域の経験もあったし、何より長年、旅行会社としてさまざまなホテルや旅館などと付き合いがあったので、何となくではあっても門前の小僧の知識はあった。

全国のさまざまなホテルに出張して仕入れの交渉をしているのだから、「外から見ているだけ」とはいえ、ホテルとはどういうものなのかはわかっているつもりだった。旅のタイプによって、お客様がホテルに求めるものも。

第一号として、那覇市の歓楽街・松山に「ラッソ松山」を開業した。中古物件を買い求め、リノベーションしたものだ（2014年12月に売却）。

他の地域は別としても、沖縄と北海道では他社に商品力で負けないホテルを作りたかった。ともに若者相手のツアーで、わが社を創業当初から支えてくれた生命線の地だからだ（北海道でのラッソグループの展開については後述する）。バブルのころにさかんだった大規模なリゾート開発とは無縁の、宿泊特化型のビジネスホテル事業を、なるべく低リスクで始めたかった。

沖縄本島のラッソは、松山に次いで「エアポート」「泊港《とまりこう》」「国際通り」と那覇市内に4軒を持つまでになった。運営を受託した「ホテルラッソ国際通り」以外は所有物件だったが、実を言うと現在、この3軒はすでに手放している。ホテル事業がうまく行かないのではない。泊港とエアポートは建物の老朽化が原因である。そもそも中古物件だから、これは仕方がない。一から建て直す、あるいは大規模なリノベーションを繰り返して採算が合わなくなるようであれば売ったほうがいい（ただし松山を売ったのは上場を確実にするためだ。これについても後述させていただく）。

現在、沖縄で運営しているラッソグループのホテルは、先の「ラッソ国際通り」に加えて石垣島に2軒。「リゾートインラッソ石垣」は新築を購入、そして「ラッソアビアンパナ石垣島」は賃貸物件で運営している。こちらは順調にビジネスを展開中だ。

おいおいわかっていただけると思うが、まず理想や夢想ありきで着手した瀬長島の案件とラッソ・チェーンでは、そのありようは異なっている。しかし「お客様を喜ばせたい」、「ではそのための受け皿を作ろう」という発想は一緒だ。

レンタカー事業のノウハウ

ラッソの開業準備を進める一方で、レンタカー事業「パラダイスレンタカー」も始めた。これもホワイト・ベアーファミリーにとって全く新しい試みだった。

沖縄の旅行に欠かせないパーツは飛行機とホテル、そしてレンタカーだ。ホテルを始

ラッソアビアンパナ石垣島。公設市場まで4分の好立地

めようと思い、お客様がどうやってホテルにたどり着くのかを考えてみて改めて、そのことに思い至った。

さすがに飛行機を自前で持つことはできないが、レンタカーならばできる。沖縄のJTBといわれている沖縄ツーリストは、かの地に公共の足が少ないことを熟知していたため、当時からレンタカー部門を所有していた。それを見習い、私たちもライセンスを取ってレンタカー事業を立ち上げることにしたのである。

それにしてもレンタカー事業は、ホテル事業以上にわからないことだらけだった。

当初の考えはごく単純で、「車を相当台数、リースで買い取り、後で売ったらいい」と思っていた。ところがその「後で」のタイミングと売買方法に大きな罠《わな》があった。

沖縄は、夏のあいだの需要がそれ以外の期間の倍以上になるという特殊な事情がある。それが商売の上で非常にやっかいだったのだ。夏季にはたくさんの車を保有していないと機会損失してしまうのだが、それだけの台数を冬のあいだ、いわば寝かせておくのは非常に経済効率が悪い。新車を買ってレンタルに回すにしても、中古で売る際、小売りではなく卸すルートをきっちり押さえていないと、レンタカー事業で儲けることなどできない。

つまりレンタカー事業というのは、あくまでも車販売業なのである。仕入れて売る、その循環をどううまく行うのかが胆《きも》で、ただその間にレンタルというビジネスが入るだけなのだ。ニーズさえ平準化していれば楽だが、沖縄の場合は季節による価格の変化を厳密に計算する必要があった。

車を仕入れる時は最低、数カ月後にいくらで売れるかを想定できなければいけない。毎年、新車を購入するのは2〜6月のあいだ。ここで仕入れて、翌年の秋に売るというのがごく基本のパターンだ。このパターンを回していくと、2年目から、夏場は冬の2倍、少なくとも1・5倍の台数にすることができる。

ただ実際は、それでも足りなくなる。夏のニーズは冬の倍以上に膨らむからだ。だから夏場の需要に合わせるために仕入れをすると、冬の期間も大量の車を所有・維持するはめになる。いくらレンタカー事業自体は順調に回ったとしても、これでは結果として赤字になってしまう。

だから一番いいのは春に仕入れて、秋に手放すというパターンだ。短期リースである。しかし単純に借りるだけだと、今度はリース代がとんでもないことになる。1台につき、およそ月に10万円を払わないといけない。沖縄でのレンタカー料金は、ピークタイムを外すと1日3000円程度が相場だ。そうなるとフルに稼働しても1台が9万円しか稼がない。支出のほうは10万円にプラス、それ以外の経費もかかるから、間違いなく赤字になる。

リース会社と交わす契約にもいろいろと種類があった。

リース期間満了後にリース会社に引き取ってもらうという契約はもちろんあるが、その場合の金額は当然低い。しかし右も左もわからなかった当初は、その金額を当てにした。「1年後に残価これだけで引き取ってくれるわけだから、その間のレンタル代で稼げばいい」と簡単に思っていたのだ。しかしそうなると、仕入れが高く、再販は安いという構図にはまってしまう。「自前でレンタカー事業を行えば、お客様に安く提供できる」などという妄想が、妄想のまま終わってしまう。

しかし、餅は餅屋だ。パラダイスレンタカーでは、途中からレンタカー事業の経験者・大城《おおしろ》友和に来てもらい、役員になってもらった。私たちはそこを契機に、餅屋になれたと思っている。リース会社の引き取りに期待するのではなく、春に新車を仕込む際に、「秋にこれだけの金額で売れる」という約束を輸出業者とのあいだで交わすようになったのだ。たとえば、「この車種であれば、10月にこの値段で100台買うよ」といった契約だ。彼らはそれを海外で売る。これができると、たとえリース代が月10万円かかっても、秋には最終的に相応の利益が出るという利益構造を作ることができる。

そうしたルートを確保し、新車を5カ月ほどで手放せるようになってから、パラダイスレンタカーは収益率を大幅に改善することができた。この事業も、今では順調に推移している。

以上ここまで、沖縄におけるホワイト・ベアーファミリー・グループの活動を紹介してきた。ノウハウも勝算もないまま新事業に突入していくその様子は、あまりに感覚的だと思われるかもしれない。が、仕方がない。私は学生のころからこうして体当たりで経験を積んできたのだ。正直、いろいろと怪我もしたし、倒産の危機もなかったとは言わない。しかしそこで培った度胸と、ビジネスの根幹をなすノウハウが私の武器だ。

瀬長島プロジェクトの話に入る前に、遊び好きだった学生が旅行会社の社長になるまで、また、その会社が時代の流れでどのように進化していったかを次章で紹介したい。人の余暇にかかわる旅行業において、「行き当たりばったり」に見える行動は、言い換えれば「時宜《じぎ》に合った柔軟な対応」であることが多い。先の読みにくい時代において、ビジネスマン諸兄のヒントにしていただける部分が、多少なりともあるのではないだろうか。

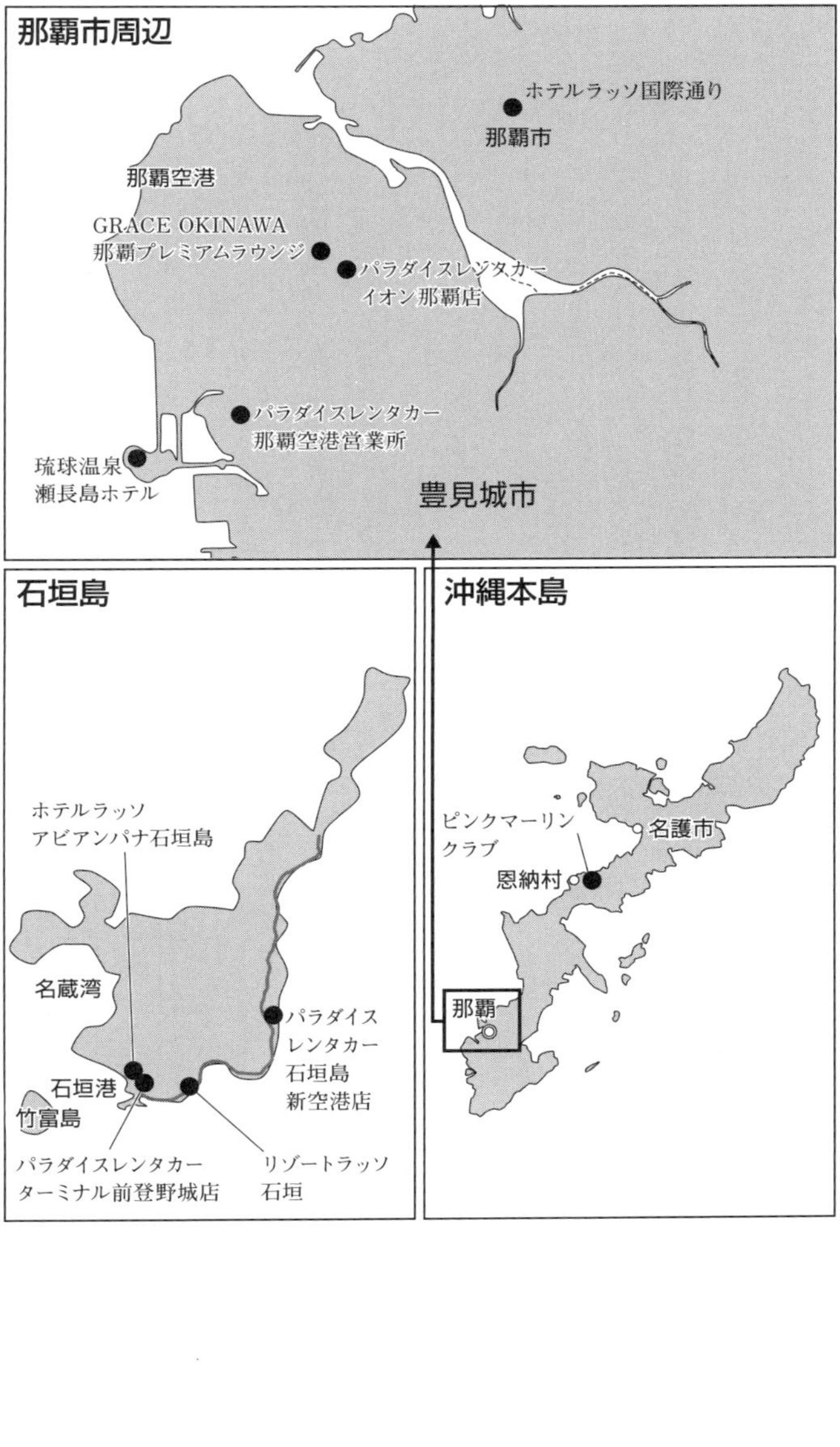
那覇市周辺
ホテルラッソ国際通り
那覇市
那覇空港
GRACE OKINAWA
那覇プレミアムラウンジ
パラダイスレンタカー
イオン那覇店
パラダイスレンタカー
那覇空港営業所
琉球温泉
瀬長島ホテル
豊見城市
石垣島
ホテルラッソ
アビアンパナ石垣島
名蔵湾
パラダイス
レンタカー
石垣島
新空港店
石垣港
竹富島
パラダイスレンタカー
ターミナル前登野城店
リゾートラッソ
石垣
沖縄本島
ピンクマーリン
クラブ
名護市
恩納村
那覇

第二章

忙しいニートが旅行会社社長へ

とにかく遊んでやろう

「大学に行ったら、とにかく遊んでやろう」と思っていた。

古い伝統を誇る関西学院は、中学から大学までのエスカレーター校なので、私は中学受験しかしていない。だから辛い高校生活を送ったわけではないが、それでも「大学に入ったらもっと遊ぼう」と決めていた。それで始めたのがスキーツアーだった。

スキーは中学生のときから力を入れていた。高校になると、夏場はダイビングを始めた。ライセンスを取ってからは、個人で沖縄にも通う。遊ぶと言ってもそんなふうな、健全な遊びだ。

当時はほとんどの高校が修学旅行でスキー場に行くか、もしくはスキー実習という行事を設けていた。私は中学からスキーをやっていたから、高校単位でスキーに行けば、トップクラスのスキーヤーだった。

高校3年になると、大学生のスキーサークルが主催する金儲け目的のツアーに誘われた。スキーの腕はあったので、コーチとして呼ばれたのだ。「タダでスキーに連れていってやる。その代わりコーチをやってほしい。お前、うまいから」と言われて、深く考えずに協力することにした。

しかし、一度参加して思い知った。これではタダでスキーツアーに行けるというよりも、タダ働きをさせられているだけだ。スキーが自由に楽しめるわけでもない。こんなことならば、自分でツアーを主催したほうがいい……。そして大学に進み、満を持して始めたのが「ホワイト・ベアースポーツクラブ」だ。１９７７年のことだった。

ただしその前に、もう一段階ある。

大学1年のとき、所属していた探検会という同好会で、2年生の先輩に声を掛けられた。「今度の冬はスキーツアーをやろうよ」と言われて、「やりましょうか」と答えた。「僕、高校のときにかじっていたのでわかりますよ」と返事した記憶がある。

終わってみると、そのツアーは思ったよりも儲かった。しかし最初から儲けは折半と決めていたので、その先輩が半分を持っていった。それは仕方ないのだが、問題は、その先輩がほとんど働かなかったことだ。それはあんまりなので、2年生になって、今度は「自分でやりますわ」と宣言した。先輩と袂《たもと》を分かって立ち上げたのがホワイト・ベアースポーツクラブという次第だ。

100%ビジネス目的で始めたクラブではないが、利益を出そうという気持ちがそこに全くなかったわけでもない。「自分たちがタダで遊べる程度の利益が出ればいいな」と思っていた。「いくら儲ける」といった目標があったわけでも、「このビジネスを生業《なりわい》にしていこう」と計画していたわけでもなかった。

はじめは1回、1回の積み重ねである。企画をしてチラシを刷って、学校で配って参加者を募る。旅行代金は次のようにして決めた。

最低、収入が経費を上回らなければいけないから、まずは経費を計算する。

当時はバスを1台チャーターすると10万円だった。これを何人で割るかだが、いろいろ考えて、採算ラインを33人と決めた。だからバス会社と交渉した10万円ほどの金額を33で割る。純粋なチャーター料だけでなく、高速代金や乗務員へのチップなども忘れてはいけない。これに加えて宿代、パーティ費用（学生のツアーではパーティが大きな引きとなる）。そうした、旅先で出発から帰着までに直接かかる一人分の経費を計算した。これがベースとなる金額だ。

これに、何も考えず一律5000円を上乗せした。この5000円からチラシの印刷代や交通費などの当日までにかかる経費を引き、それでも残れば自分たちの利益だ。

ただ、そこからに工夫の余地がある。

採算ラインを超えて、たとえば40人の参加者がいれば、バスのチャーター代は同じだから、一人当たりの経費は実際にはぐっと減る。それで売値は据え置けば、利益はかなりアップする。一方、人数が想定以上に集まった場合には、一人分の旅行費を安くして、参加者にその分を還元することもできる。それが他のサークルとの競争力を生む。そんな駆け引きに商売の醍醐味があった。


何度も言うが、儲け主義ではない。特に自分は自宅通学だったので、損をしなければそれでいいと思っていた。難しく考えたくなかったから、一人当たりの直接利益を5000円と決めたのである。「5000円は高い」と思うときも、「安い」と思うときもあったから、均《なら》してみればそれほど的外れな決め方ではなかったのだろう。

それぞれのツアーで赤字が出てはつまらない。この先も続けていける、回していけるだけの利益が出て、欲を言えば何がしかのお小遣いが入ればそれでいいと思っていた。

それでも、一冬を終えて雪が融け始めるころに貯金通帳を見ると、「こんなに儲かっている！」と毎度驚いたものだった。

学生ビジネスからの離陸

もちろん、集客から交渉、添乗まで一人でできるわけはない。自分の他に2人から3人を誘い、幹部として一緒に取り組んでもらった。彼らは最終的な利益を折半する仲間だ。その代わりに土日もなく働いてもらう。

一人は電話での受付を担当する。たとえば夜の7時から10時と時間を決めて、申込を受け付ける。その係の者は、どこで何をしていてもその時間までには家に戻り、電話の前に張り付く。携帯電話はまだなかったし、事務所など借りていたわけではないから、そこは仕方ない。電話が鳴りっぱなしで、家族総出で受付をしてもらったこともある。

それ以上に重要なのがチラシ撒きだ。チラシを撒かなければ、電話が掛かってくることもない。一冬に配るチラシの枚数は、70万枚から80万枚に達した。当然、コストも半端ではなかった。関西一円の大学が対象だから車の確保は必須だった。これを大学の授業が始まる前に各机の中に入れたり、学食に置いてもらったりする。そうしているうちに、各大学にスタッフができていった。お手伝いである。分け前はないが、代わりに無料でスキーツアーに参加できた。

とは言えやはりインセンティブは必要だろうと思い、ノルマを課した。その上でおのおのの成果も測るようにした。チラシの裏が中込書になっているため、そこに色をつけて誰が撒いたチラシかわかるようにしたのである。マジックで印をつけていけば、色の組み合わせで100通りくらいは簡単に作れる。

お客様には申込書と現金5000円を現金書留で送ってもらう。利益の先取りだ。先ほどの色分けで、誰の撒いたチラシが成約につながったかがわかる。その結果でインセンティブをつけるのであるが、それだけではなく、事前にどこの地域に撒いたとそれぞれのスタッフから報告を受けておくので、地域とか大学、学部などによる歩留《ぶどま》りが計算できる。それによって次回の重点配布ポイントを考えられるようになる。実に素朴なマーケティングの道具でもあるのだ。

素朴と言えば、バスも宿も直接交渉で契約して手配した。当時は旅行会社の存在を理解していなかったからだ。むしろその存在をバカにしていた。私たちの活動を耳にしたある旅行会社の人が最初に営業に来たときには、「どうせブローカーだろう？」と、どこかで蔑みさえした。しかし聞いてみると、バスのチャーター代などは、なぜか直接交渉するよりも安い。それはどういう理屈なのかと不思議だった。

その後、バスは直接チャーターするだけでなく、旅行会社にも手配を頼むようになった。ただ宿だけはすべて直接交渉で予約をして清算した。オーナーとの人間関係が最も大切だと考えたからだ。

そんなことをしながら、私はいつの間にか旅行業界の構図を学んでいた。

4回目の冬、私は4年生になっており、卒業間近だというのにまだスキーツアーを主催していた。組織が大きくなりすぎていて、止めるに止められなくなっていた。同級生はもちろん皆いなくなるが、関西一円ほぼすべての大学にスタッフがおり、いつの間にか総勢150人ほどの学生組織が出来上がっていたのだ。彼らの多くは下級生だから、まだ卒業ではない。少しゆるい結びつきであっても、邪険《じゃけん》にするわけにはいかない。お金が絡む話なので、そうそう後輩の誰かに押し付けられるシステムでもなかった。

自分自身について考えてみても、就職はどうも性《しょう》に合うと思えなかった。親からせっ

ホワイト・ベアーファミリーの始まりは関西の若者を対象としたバスツアーだった

つかれ、一応、日本ＩＢＭとソニーの会社説明会には出掛けていったのだが、「ああ、僕にはネクタイは締められない」という思いを強くしただけだった。２社ともに何の書類も受け取らず、名前も記さぬままその場を後にした。

私は結局、親を誤魔化しながらそれまでの生活を続けた。雪が融ければ今度は与論島《よろんとう》ツアーが始まるし、来年に向けて会員をケアするために、オフ会ならぬリメンバーパーティも企画して実行しなければならなかった。パーティでは写真交換会などを行い、結構盛り上がる。そして冬が来れば、また3月の末までスキーに行きっ放しになるというサイクルを回していた。

とにかく皆を喜ばすことに必死だった。当時はどこの大学にも同じようなサークルがたくさんあったから、ライバル意識が強かったこともある。

今で言うならばニートなのだが、これが結構忙しいニートだった。そこらの旅行会社になど負けるわけがないと思っていた。どこかで会社経営を学んだわけではないが、すべてを実地に積み上げてきた自負があった。

やがて旅行業法が大改正されることになり、こうしたツアーの運営に対する規制が厳しくなったため、仲間3人と起業した。1981年のことだ。名称はクラブの名称そのままにホワイト・ベアーファミリーとした。家族のような組織だったからだ。

「好きなことをやってお金になるのだから」と、そこまで来てしまったようなものだが、何だかんだ言って、「継続は力なり」といった経営の鉄則は貫いてきたようにも思う。

また、最初から変わらなかったのは、「旅行で人を楽しませることに滅茶苦茶自信がある」という点だ。特に、お金はなくても情報だけはある学生たちを相手にする場合、手を抜けばすぐ会員は減ってしまう。今振り返ると、そのケアがマーケティング活動であり、会員制組織の基本を築いていたのだった。

しかし経営者となった現在から考えると、このころの自分にいささか反省もある。昨今、起業をしようという若者は（もちろんネット系が多いと思うが）、その多くが「起業」＝「IPO（新規株公開）」と考えているように思う。少なくとも、最近成功した企業に関して言えば、起業してからIPOするまでの期間が短い。起業したと同時に他人資本を入れる、早い段階でベンチャーキャピタルの資金も入れるという青年社長が珍しくない。

それは、当時の私にはとんとなかった想いというか、覚悟だ。「自分の会社が可愛くないのか？」と思わなくもないが、一方で、そんなふうに最初から上場を目指す気宇壮大さは素晴らしいとも思う。高い目標を持つことは、とても大切である。

北海道、沖縄で稼げ

そんな顚末《てんまつ》で生まれたホワイト・ベアーファミリーが、旅行会社として今日《こんにち》まで成長できたのには、いくつかの要因があるだろう。だが初期に最も大きかったのは、やはり北海道と沖縄ツアーの成功だ。

バス旅行というのは極めてシンプルな業態だ。乗客を一人でもたくさん乗せることができれば、それだけ一人当たりのコストは下がる。大型バスは一般的に55人から60人が乗車できる。これは補助席も加えた数だから、正シートだけであれば40席ほどだ。先に、旅行の原価を33人で計算したと説明したが、一般的な旅行会社は30人前後で旅行代金を設定する。その人数でトントン、そこを超えてバスが満員に近づけば近づくほど、儲けが増える計算になる。また先述したように、ペイバックすることで競争優位性を生むこともできる。競争に際しても、例の5000円の上乗せは値下げしないと決めていたので、なかなかの商売と言えた。

会社組織にしてからも毎シーズン、白馬や志賀高原、野沢など、信州の各スキー場に私たちがチャーターしたバスが足しげく通ったものだ。

ここに目をつけたのが航空会社だった。「バスで信州に行くお客様を、飛行機で北海道に連れて行きませんか？」と提案してきたのだ。今でこそ冬の北海道スキーは珍しくないが、当時は北海道の旅行シーズンと言えば夏と相場が決まっていて、冬場の北海道はどこも閑散としていた。

わが社は航空会社の申し出を受けて、スキー客を北海道にも送り出すようになり、冬の北海道ツアーで他社に抜きん出た実績を上げていった。

起業後に始めた船で行く与論島ツアーも、オリジナリティが決め手となって、「夏の与論島」がブームになった。大阪南港《なんこう》や神戸港からスタートして、2泊3日、チャーターしたフェリーで過ごして与論島に到着する。若いから楽しめた、そんなツアーだった。

実は当時、冬に北海道に行く習慣がなかったように、暑いときに暑い場所に行く習慣が日本人にはまだ根付いていなかった。暑いときは高原などの避暑地に出掛けるのが富裕層の常識であり、庶民の夢だった。

そのため与論島ツアーでは船会社との交渉も優位に進めることができた。バスツアーと同じで、乗船率を高めれば高めるほど旅行費用を下げることができ、利益が上がる。相手は若者だから、二等船室でも安ければ問題ない。若者のあいだでは70年代から離島ブームが起きており、行き先は伊豆七島などからより遠くを志向するようになっていた。その先端をうまくさらえた格好だ。

そしてここで、スキーツアーと同じことが起こる。航空会社が、今度は「与論島に船で行くお客様を、飛行機で沖縄に運びたい」と言い始めたのだ。１９８６年ごろで、航空運賃はもちろん高かった。しかし航空会社はそこで、当時のスカイメイトよりも安い料金設定を提案してきたのだ。わが社はその提案を受けて、まずは与論島に行った帰りに沖縄で1泊して、那覇から飛行機で帰ってくるというプランを作った。やがて船を使わず、飛行機で沖縄本島だけに行くツアーも始めた。沖縄は、北海道ツアーと並んでわが社のドル箱となった。

現在、「与論島に船旅をする」などという話は、ほとんど聞くことはないだろう。若

フェリーで行く与論島ツアーも若者に好評を博した

者とはいえ、二等船室で大阪からの36時間はさすがにきつい。だから安い船旅は次第に廃《すた》れていった。私たちも大好きな与論島ツアーから少しずつ足を洗っていた。離島ブームも終焉《しゅうえん》を迎え、観光地として洗練された沖縄だけが、国内の南国として独り勝ちした。

寒い時に寒いところに行く、暑い時に暑い場所に行く。それも旅の醍醐味だ。先見の明というよりも、「自分たちが楽しいと思うことにお客様を巻き込みたい」という遊び心が常にあったからできたことだろうと思っている。

時は流れて１９９６年、今度は「沖縄のリピーターを、同程度の運賃でグアムに運びたい」と全日空が言ってきた。わが社が海外ツアーに参入した瞬間である。現地法人を作り、「中小規模では不可能」といわれたホテルの仕入れを始めた。２００７年にはバリ島にも現地法人を作った。すべては長野などへの手作りバスツアーから始まったと思うと、感慨深いものがある。

中小企業、ＩＴに注力す

わが社が成長することができたもう一つのキーワードが、「IT旅行商社」だった。早くからITの強みを生かして、旅行のあらゆる側面をビジネス化したのである。

1996年、まずビジネスホテル予約サイトを立ち上げた。現在の楽天トラベルがスタートしたのと同じ年だ。2000年には旅行業界で初めて、パッケージツアーのオンライン受付を本格的に稼働させ、04年にはパンフレットやダイレクトメールといった紙媒体と決別した。その後、高速バス予約サイト、オプショナルツアー専門の予約サイト、レンタカーの予約サイト、温泉旅館に特化した宿泊予約サイトなどを次々オープンしていった。

2008年には、パッケージツアーの予約フローにPIPシステムを導入した。PIPはPerson In Presentationの略で、人物動画とFlashを融合したコンテンツだ。画面上に女性が登場して、たとえば個人情報の記入の仕方などを教えてくれる。「ホテルのタイプを次の中からお選びください」など、画面と音声で順次、案内をしてくれるシステムだ。

わが社のパッケージツアーの売上のうち約9割がWEB経由だが、そのうちの30～40%、時にそれ以上がオンラインだけで自動的に予約が成立する。この部分がPIPシステムを導入した当時に大きく伸びたのだ。入力にあたり人間が案内する、いわばそれだけではあるが、そうした一種の温もりが、コンバージョン率（アクセスから最終申込に至る割合）を高めるのに効果を発揮した。

ＰＩＰシステムに話を限らずとも、インターネットの普及によって「旅行」と消費者の距離が近くなったことは確かだ。かつて、旅行の予約とは旅行会社のカウンターで申し込むものだったのが嘘のようである。今や自宅のパソコンで、あるいはスマホで、好きな時に厳選したホテルを予約し、航空券が手配できる。

ＩＴの進展は、旅行業各社にとって大きな試金石となった。その点、わが社は他社に先んじてＩＴ化に対応できたという自信がある。２００９年には旅行業界では初となる「中小企業ＩＴ経営力大賞（経済産業大臣賞）」を受賞したのも大きな誇りだ。

しかし、そのアドバンテージでずっと優位が保てるほど、ビジネスは甘くない。

今、パッケージツアーで最も伸びているのはダイナミックパッケージというジャンルだ。買い物かご方式でユーザーがパッケージツアーを自ら作っていく方式である。これが楽天トラベル、じゃらんネットはもちろん、全日空やＪＡＬのサイトでも主流になっている。今、非常に伸びているし、今後の成長も間違いない。

誰が手配しようと、旅行というのは宿と足などの組み合わせなわけだが、ダイナミックパッケージでは、サイトにアクセスしたユーザーがまずホテルを選んで、それからそのホテルに行く手段である飛行機を選ぶ。往復の飛行機を選んで、多くの場合は同時にレンタカーを予約してボタンを押せば、合計の値段が出てくる。もちろん、オプショナルツアーも自由につけられる。

つまりは、もう人の手を介さずにパッケージツアーが作られるので、旅行会社は事前にパッケージツアーを作る必要がなくなることになる。後は、どれだけ選択肢を揃えられるかが大事なだけだ。

もっとも、まだダイナミックパッケージのシステムには馴染まないタイプの旅行もある。たとえば家族で行く旅行。大人と子どもというように料金設定が異なるメンバーが混在する旅行は、システムとの親和性が低い。その子は添い寝なのか、ベッドがいるのか、食事は要るのか要らないのかなど、サービス側が確認して判断しなければ価格が出ないことが多いからだ。そこまでオンライン上で選択肢を設けるのは簡単ではない。あるいは添乗員付きの旅行。さらには、転泊を繰り返していく周遊旅行もダイナミックプランでは扱いにくい。

……といった弱点がまだあるとはいえ、沖縄に多い「1カ所のリゾートに行って帰るだけ」という滞在型のツアーの場合なら、ダイナミックパッケージのほうが有利であることは論をまたない。旅行会社スタッフの手を煩わさずとも、ユーザーはその場でホテルや交通手段のグレードをさまざまにシミュレーションできるからだ。

私は「今後、パッケージツアーはなくなる」と周囲に宣言している。多分、5年後の2020年には激減していて、10年後にはなくなっているのではないかと思っている。

しかも今後、AI（人工知能）が発達していけば、ユーザーの嗜好に配慮して、さらにレベルの高いダイナミックパッケージも組めるようになるだろう。もっと細かく個人のニーズに沿った情報にアクセスできるであろうし、複雑なリクエストにも対応できる、いわゆるコンシェルジュ機能も充実するはずだ。

だから将来的には、人の手でパッケージツアーを作って売るというスタイルは確実に消えていく。そういう論理の流れで言うならば、先ほどのPIPシステムも時代のあだ花だったのだろう、現在は大幅に縮小した。今後はもっと優れたAIにとって代わられるかもしれない。

このダイナミックパッケージは、確かに私が志向してきたＩＴ化の先にある流れだ。しかし、残念ながら中小規模ではこの競争に勝つことができない。楽天やじゃらんのようなメガサイトでないと勝てないのだ。ＪＴＢですら苦戦している。だから、私たちは違う道を模索しなくてはいけない。

だから、一見、前言を翻《ひるがえ》すようだが、私たちは当面、パッケージツアーの充実に活路を求めることにしている。自分たちのデータベースを駆使して、さまざまな情報をさらに引っ張り、顧客それぞれが求めるパッケージツアーを何千コース、何万コースと自動的に生成するシステムを開発中なのである。

そうやって作ったパッケージツアーは、多種多様な場所に露出する必要がある。できるだけ多くの旅行系サイトにデータを張り巡らせて、自分たちのサイトに誘導するしかないと思っている。

そうした個性的なパッケージツアーの創出も、将来的にはやはり、ＡＩの力を使って行うことになろう。ダイナミックパッケージとは違って、お客様に作っていただくのではなく、自分たちがプロとして、「こういうパターンが考えられる」というコースをすべて作って提案するわけだ。先に紹介したダイビングツアーなど、最近増えつつある「専門旅行」にも、さらなる力を入れていく。

パッケージツアーは充実させるが、そのためのコストは従来のようにはかけない、省力化を図る、という方向を探る。パッケージの創出からお客様の誘導まで、旅行代理店業務の各所を機械化していくのだ。今までは人の手で行っていた企画や仕入れ、また、ホスピタリティを高めるために電話で確認をしたり、受付でのＣＳ（Customer Satisfaction）を高めるために努力したり……などなどの業務が考えられる。これまでのそれらは、人力に負う部分があまりに大きすぎた。完全に自動的に受付をして、自動的に出発させるようなシステムには勝てないと改めて思ったわけだ。

もちろん、すべてを機械化する愚を犯すつもりはない。手続き等で迷われるお客様にはオペレーターの対応も必要だろう。大事なのは、ベースとなる部分の省力化とスピード対応なのだ。

なお、参考までに付言しておくと、私を入れて４人いたホワイト・ベアーファミリー創業メンバーの蜜月は、残念ながら長続きしなかった。喧嘩をしたわけではないが、経営に対する考え方、路線が徐々に分かれてしまった。その結果、現在でもこの企業グループに残っているメンバーは一人もいない。

他の3人のメンバーはそれぞれホワイト・ベアーファミリーが作り出した、BtoBを専門とした部門や旅行の小売部門など各種の事業部門を持って独立していった。

第三章

限界ホテル建設

「ここに露天風呂があったら」

２００４年の年末、私は那覇空港にほど近い事務所を訪ねていた。ジオが始めたばかりのパラダイスレンタカーは、ゴルフ練習場の敷地内に駐車場と事務所を構えた。その「大家さん」である那覇空港ゴルフ練習場株式会社の先代社長・長《なが》嶺《みね》勝夫《かつお》氏のオフィスに招かれたのだ。社長室を訪ねると、小さな島の絵が飾られていた。ターコイズブルーの海と、深緑の木々に押し包まれた形のよい島。私はその絵に惹かれて長嶺社長に尋ねた。

「ここはどこですか？」

「瀬長島だよ」と社長は答えた。

長嶺さんは、「瀬長島で何か事業がやりたいんだ。だけどさ、あそこではできないのだよ」と言う。

「なぜですか？」と私は聞き返した。

「那覇空港の真横にあって、市街化調整区域だから、開発許可を取らないと建物が建てられない場所なんだ。この許可が難しい。土地は豊見城市《とみぐすくし》のもので、開発許可を取るにはさらに県と交渉しないといけない。空港にも根回しが必要だ。だからね、難しいんだよ。だけど、やりたいんだ。実に、やりたいんだけどね……」

その言葉がすぐ私に火をつけたわけではない。しかし、長嶺社長の無念そうな様子を見て、その想いが確実に私の脳裏に焼き付いた。のちの2008年、私たちが瀬長島計画を一進一退させていた時期に長嶺氏は病没する。そういうつもりではなかったのだが、思えば故人の意志、その夢を私は引き継いだのかもしれない。

最初に瀬長島に入って、現在ホテルが建っている海抜25メートルの場所に立った時に、もう本当に神の啓示にあったかのように、「ああ、もうここには温泉だ」と思ってしまったことは先述した。目の前に広がる東シナ海はあくまでも青く、うるさいだけと想像していた飛行機の離着陸も、ド迫力の大きさがいっそ爽快だ。

「ここに露天風呂があったら、日本で一番の温泉になる」と確信したのだ。

当時は本島からつながっている海中道路の先、島の最も手前に野球場が4面あり、商業建築と言えば、正式な手続きを経ずに建てたカフェとバッティングセンターだけだった。そんな殺風景な島が、私には輝いているように見えた。

そして2005年3月25日、私は初めて豊見城市の関係者と会った。収入役の安谷屋《あだにや》氏だ。その時の会食をセッティングしてくれたのも長嶺氏であった。

その場ですでに私は、瀬長島温泉構想を口にしていたようだ。

もちろん、その時点であの地に確実に温泉が出るという保証はない。ただ掘削業者に言わせると「日本はほとんどどこでも、掘れば温泉が出る」そうだ。ほとんどの場所では「掘れば出る」と聞いていたので、その点で心配はしていなかった。

しかし先にも触れたように、沖縄の文化の中に「温泉」という二文字はない。ないと言えば言い過ぎだが、少なくとも定着はしていない。

私たちが作る前から、沖縄にも天然温泉はあった。最も有名なのが恩納村の「ルネッサンスリゾートオキナワ」。前身はラマダホテルだ。もともとは山田温泉という古くからあった温泉で、その上にホテルが作られた。「ロワジールホテル那覇」もいい温泉を持っている。大浴場もあるのだが、両者ともに温泉という言葉を使わない。SPAと呼ぶ。また宮古島のユニマットも温泉で温浴施設を作っている。

そうした状況で、温泉を前面に出しているホテルはなかった。だからこれまで、沖縄には温泉を好む市場は形成されていないと言っていい。

それなのになぜ、私は温泉案を主張したのか？　先ほど言ったように、露天風呂に入る自分の姿が浮かんでしまったからだ。仕方がない。

安谷屋氏と会食した時点で、私はちょうど温泉施設の可能性について調べ始めていたころだっただろうか。氏はしかし、私の構想を聞いて「あそこを開発するのは無理だよ」と答えるだけだった。「だけど、一応聞いておくわ」と。

しかし安谷屋氏は「無理だよ」と口にしながらも私の提案に好意を持ってくれたようだ。市役所にこの話を持ち帰り、市長や副市長に通してくれた。それがあって5月には、豊見城市へ正式に「瀬長島温泉構想」を提案させてもらえるようになり、その年の11月には、豊見城市瀬長島活性委員会なるものにも出席した。

これは市議会議員の方々の分科会的な集まりだった。「近藤さん、ここに出席してあなたの考えを皆に話してみるといい」と金城《きんじょう》豊明《とよあき》市長（当時）が場をくれたのだ。

これは後から知ったことだが、豊見城市としても、瀬長島をどのように開発するか、市の財産としてどう活用するかが長らく課題となっていたそうだ。

関係者から話を聞くほどに、瀬長島は「因縁の地」と言ってよさそうだった。まず瀬長島の約8割は市有地だが、残りの2割は占領中にアメリカが埋め立てた土地ゆえに「新たに生じた土地」として国有地になっている（当時は市が根気よく国と交渉し、少しずつ土地を買い取っていた最中であった）。また全域が市街化調整区域なので建物が建てられない。アメリカからの復帰直後は内地のリゾート企業が入っておらず、また地元の企業は育っていなかったため、手をつかねているうちに21世紀を迎えてしまったのだという。不心得者《ふこころえもの》が大勢、海中道路を通って不法投棄に来島し、いつの間にかゴミと犬、猫の捨て場になってしまった。粗大ゴミなど目に余るゴミを片付けるだけで、市は年間600万円を出費している……開発を諦めたくなるようなエピソードが、出るわ出るわ。

一方で勇気づけられる話も聞いた。瀬長島は気楽に訪れることのできる市民の憩いの場であり、市役所の行った調査では年間で実に80万人もの市民、あるいは県民がこの、東京ドーム4個分に満たない小さな島（0・18㎢）を訪れているのだという。

訪れた人たちは、特に何をするわけでもない。車で来て、海を眺める。夕日を眺める。中には釣りやウインドサーフィン、潮遊びをしている人もいたが、多くはただ、ぼーっ

1996年当時の瀬長島（『とみぐすく写真帳』より）

としている。沖縄は車社会だから、瀬長島の海に面した道路には常に多数の車が停まっていた。昼間は営業をさぼっている人もいただろう。バーベキュー用の施設など特になかったのだが、勝手にバーベキューを楽しむ人もいた。

デートのメッカでもあった。県民なら必ず一度はデートで訪れるドライブコースだそうで、現・豊見城市長の宜保晴毅《ぎぼはるき》氏も今の奥さんとドライブに来たことがあるとか。ほほえましい話である。

ここに何か作れないのか——県や空港からの制約はあるにしても、それは当然、市として積年の願いでもあった。そんな市役所や市議会議員に向かって、よそ者である私は温泉を核にした観光地の効用を説き、癒しの空間を作りましょうと提案した。マイナス面もたくさんあるが、市民に親しまれる「近場の島」である瀬長島のポテンシャルは魅力だった。

——そこからトントン拍子で話が進むかと思ったが、そうはならないのが政治の世界だ。少なくとも表面上は、何も動かなかった。

直射日光に温泉？

豊見城市の南部に豊崎《とよさき》という地域がある。海に面していたためリゾートタウンとして埋め立てし、開発が進められてきた。そこには「あしびなー」という日本最南端のアウトレットモールがあり、２００６年には人工ビーチがオープンした。その年の10月にはいよいよ県の土地開発公社と豊見城市が共同で開発区画の分譲を始めた。……という景気のいい話が聞こえてくる一方で、市の関係者は誰も、私と会っても瀬長島の話を出さなくなっていた。だから当時、私は「豊崎が先で、瀬長島は二の次なんだろうな」と思い始めていた。やるせない想いで、私たちも豊崎の分譲に申し込んだ。何かできれば、と半ば保険のつもりだったので、最も小さな区画にした。

入札の蓋を開けてみると、東京のマンション販売会社Z社と在京の不動産会社子会社であるCリゾートが豊崎の広い敷地を買い付けており、彼らが主体となって当地のリゾート開発を行うと喧伝《けんでん》された。それぞれ豪華なリゾートホテルを建てるという計画だった。ところが08年にはZ社が倒産、さらに09年、Cリゾートもホテル開発を断念してしまう。そのため、豊崎の開発計画は今でも頓挫《とんざ》したままだ。

こちらにとっては、それで風向きが変わった。豊崎の分譲の結果が出た翌07年、豊見城市が「次は瀬長島の開発に本格的に取り組む」と宣言したからだ。

完全に諦めていたので驚いたが、もちろん、私たちホワイト・ベアーファミリーの本命は瀬長島なのだから、では本格的にやろうと手綱《たづな》を握り直したのは言うまでもない。

07年10月12日、市役所に瀬長島開発の提案をした。5社が参加したコンペティションであったが、何と、翌日にはわが社の提案に決定した。ちなみにその時の提案内容は、実際に開発したものと考え方や理念は同じであっても、箱もののレベルがかなり異なっている。

そのコンペティションで私たちが口にしたこの島のコンセプトが「チャンプルーリゾート」だった。

瀬長島は空港が近いから、飛行機の飛ぶ音が耳に障る。自然の度合いや景色から言えば、恩納村にはやはり負ける。ただ、空港に近いという足回りのよさと、温泉を核にした癒しの空間を揃えれば戦うことができる。――まず、地元の人に気に入ってもらい、日常的に利用していただきましょう。そうすれば、国内からの観光客も集まります。さらに外国人。彼らからすれば沖縄も日本だから、「日本に来たら、まず温泉」という需要に合致します。そうやって地元の人も、県外の日本人も、海外からの外国人も皆が集まってワイワイガヤガヤ、「ワイガヤ」で楽しんでいただく。そうやって文化が交流する場になる、それがチャンプルーリゾートなのです——そうプレゼンした。

思い浮かんでいた絵は、至ってシンプルだ。まず、そこに温泉がある。スーパー銭湯のような日帰りの温泉と、宿泊してのんびり浸かる温泉。いずれにしても、素っ裸になって、露天風呂に飛び込む。露天風呂のイメージは沖縄において、まさに皆が集まるチャンプルーリゾートになるわけだ。

この構想に自信があった。根拠のない自信かもしれないが、感覚的に正しいと思った。だけど冒頭でも触れたように、メインバンクには散々に叩き潰された。

たとえば、

「社長ね、沖縄みたいなあんな暑いところで、上から直射日光に照らされて、熱い温泉に入って……そんなの行きますか？」とか、

「沖縄にはお風呂の文化はないですよ。沖縄の人は皆シャワーで済ませるのですよ」

「もともと銭湯もないし、シャワーで暮らしている人たちなのに、誰が温泉に入りに来るのですか？」などなど。

大阪の銀行は容赦がない。前例がない、ビジネスモデルが成り立たない、とまで言われた。


しかし私は、そんなはずはないと思っていた。

もちろん私は温泉が好きだ。だけど、別に愛好家というわけではない。普通に好きなだけだ。そうした意味で、個人的な趣味趣向で温泉施設を思いついたわけではない。あくまでも旅行業者の発想であって、ダイビングやスキーツアーの時と同じだ。「きっと皆が喜ぶ」という確信だった。

真の温泉好きであれば、泉質がどうのとこだわって開発地域を選んだだろう。しかし私にはそんなことはどうでもよかった。ただロケーションありき。ここで空港の景色を見て、飛行機の離着陸を見て、サンセットを眺めて、ビールを飲みながら温泉に入ったら、こんなに幸せなことはないよな、と思って、温泉を作りたいと思った。

ただそれだけだ。だけど、絶対うけると思った。その後、後付け調査のように沖縄県民の意識調査を依頼したことがある。すると、沖縄の人も「温泉」を目的に旅行することが一番多いという結果が出た。沖縄の人は、九州の温泉をよく訪ねていたのだ。図らずも、私の信念は当たっていたことになる。

さて、たった1日で私たちの案に決まったコンペティションには、名のあるゼネコングループも参加していた。高さ制限があるので、違いは横に広がる大きさだっただろうと思う。私たちの開発予算は30億円だったが、その倍や3倍の予算も提示されたようだ。しかしその中で、温泉をメインにした企画は私たちだけだったようだ。

後から思えば、2年前の活性委員会で話をしたときに、「こいつらにやらせてやろう」と心に思ってくれた方々が関係者の中に多かったのかもしれない。もちろん、接待や工作など何もしてはいない。

豊見城市には当時、ホテルが1軒もなかった(現在は豊崎地区に中価格帯のホテルが1軒建っている)。空港で降りたお客様は全員、那覇に行ってしまう。那覇よりも土地は広いのだが、豊見城市は「素通りの場所」だった。ポイントはそこだ。

ホワイト・ベアーファミリーに決まった後、市から「社長の会社は旅行会社だから、自分でお客様を連れて来られるでしょう。計画の規模は大きくないけど、実績があるから」と教えてもらった。他社はすべてデベロッパーのため、資金は潤沢《じゅんたく》だし開発するまでは安心かもしれないが、完成した施設に果たしてお客様が来るかどうかはわからない。一方、私たちは沖縄に年間、延べ人数で10数万人を送客している。旅行会社として市にお客様を誘導できる点を、評価してもらえたようだ。

高いハードル、県の開発許可

そうして、市は私たちの案に決めてくれた。しかし後でわかったことだが、それは比較的低い、最初のハードルを越えたに過ぎなかった。次に県の開発許可という高いハードルが残っていたのだ。市のプッシュによって、県がよしなに取り計らってくれる、なんてことは全くなかった。実際、「これからが大変だよ」と耳打ちされたほどだ。

瀬長島は、伊達や酔狂で長らく放置されていたわけではなかった。私は市の関係者から次々に、「本当にできるかどうかわからないぞ」と何度となく脅かされた。市長はじめ、市役所は一様に応援してくれており、市議会は少数会派の議員まで含めて全会一致でわが社を支持してくれた。「そんなにスムーズに決まった提案は他にない」とまで言われたのに、その彼ら自身がまだ半信半疑な様子なのだ。

言い換えれば、市の許可が出て私たちはやっとスタートラインに立てただけだった。県だけではなく、国の承諾も要るのだと言う。つまり、近接している那覇空港への根回しだ。空港事務所は国交省の地方支分部局の一つで、那覇空港は大阪航空局が管轄していた。そことの交渉もしなければならない。

1930年代の軍用飛行場に端を発する那覇空港は、日本で4番目の発着数を誇る大型空港だ。沖縄と本土、沖縄と外国をつなぐだけでなく、沖縄の各離島をつなぐハブ空港である。その歴史から陸海空の自衛隊の飛行場の役割も果たし、海上自衛隊航空基地まで兼ねる重要な施設なのである。

最低限守るべきは、「空港に離着陸する飛行機の邪魔にならない」こと。だから建築物には高さ制限がある。光や色、音などの制限もある。電波障害に対する規制もある。

制限表面という空間制限が最も厳しい。航空機が安全に飛行できるように、空港の中心（標点）から何千メートル、など一定の広さで空港の周囲に設定される、空間の境界面のことだ。詳しい説明は省くが、この面より内側には建物や植栽などを設置してはいけない。

県の許可で必要なものは開発許可と建築許可なのだが、事前協議が大変で、なかなか受理をしてくれない。まず空港事務所の事前承認が必要だと言われるのだが、呼び方こそ事前承認と言っても、まるで許可そのものをもらうのと同じ難易度である。だから結局は、国とも交渉しなければならない理屈になる。

この開発プロジェクトは、心意気こそ豊見城市とＷＢＦリゾート沖縄の共同事業であるが、正式には市の事業ではない。だからその交渉はすべてホワイト・ベアーファミリーがやるしかない。それでも市はずっと後方支援してくれたし、共同事業だと関係者には説明してくれた。これは心強かった。

２００７年の10月に、市としては開発業者をＷＢＦリゾートに決定してくれたのだが、県に開発申請を提出できたのは、１年後の08年10月だった。実は、その半年以上前に一度、開発申請までこぎつけているのだが、その時点で受理はされなかった。10月の受理も、「受け付けるけれども、このままでは無理だよ」と言われた。許可は下りないよ、と言うのだ。

すべての県は、乱開発を防ぐ目的で「一定以上の規模で、土地の区画や性質を変更する開発」の計画を厳しくチェックする義務を持つ。瀬長島は長らく放置されていただけに、ある程度、警戒されるのは仕方ない。それにしても、「このままでは進まないよ」と言われ、すごすごと帰るわけにもいかない。

私たちは沖縄県の担当者に根ほり葉ほり「ではどうしたらいいのか」を聞き続けた。そこで出合ったのが、都市計画法34条の2項だ。市街化調整地域に建物を建てて開発できる条件の一つとして、「地下鉱物資源もしくは観光資源を有効利用するためであれば許可する場合がある」とある。まさに温泉は観光資源であり、地下資源だ。最初から温泉ありきの計画であったが、何のことはない、その温泉を前面に出すことが開発許可取得の後押しにもなる可能性が出てきたのである。

そこで私たちは、翌月の11月に地鎮祭を行った。掘削（ボーリング）を始めるのだ。「温泉が出るという前提であれば、温泉を利用する施設として開発許可を下ろせる可能性がある」と言われて、燃えた。

俗に「1メートル掘るのに10万円」と言われる。24時間機械で掘り続けて、掘れるのは1日10メートルくらいだ。東京や大阪では数百メートルも掘れば温泉が出るという話だが、沖縄なら1000メートルは覚悟したほうがいいと専門家から忠告された。単純計算で1億円掛かる。そう簡単に行動を起こせる金額ではないのだが、温泉と許可が直結しそうだと聞いて、腹をくくった。

ちなみにこの方法、いつでもどこでも通じるわけではないということも後日聞かされた。むしろ温泉だらけの日本で、この条項を根拠に開発を許可する行政はごく少数派だそうだ。沖縄県でも今まで地下資源を根拠に開発の許可が下りた例はなかった。私たちがあまりにうるさくせっつくものだから、担当者は「この条項で可能性が生まれるかもしれない」とその場しのぎのサジェスションをしただけなのかもしれない。あるいは、無理矢理に拡大解釈して許可をしてくれたのかもしれない。真相はわからない。

空港との関係では、通常の制約に加えてさらにやっかいな問題があった。当時、那覇空港では2020年に使用開始する予定の2本目の滑走路案が練られており、その建設位置によっては、空港周辺の使い勝手が全く変わってしまう可能性があったのだ。

新しい滑走路の位置については、3つの案があった。「(現在の滑走路から)200メートル（離れた地点の）案」「800メートル案」、それと「1・3キロ案」だった。もし200メートル、あるいは800メートルのいずれかが採用されたら、瀬長島の開発は完全にアウトだった。瀬長島までの海が埋め立てられて空港用地になってしまい、航空法上の規制で「転移表面」（制限表面の一種だが、これについては説明が難しいので割愛させていただく）に瀬長島が入ってしまうので、建物が建てられなくなるところだった。幸いにも2009年には沖合1・3キロ地点を埋め立てることに決定したので、胸を撫で下ろした。

通常、県の開発許可は60日くらいで下りるらしい。それが1年かかった。

開発申請をした翌年、09年2月24日に、私たちは温泉の掘削に成功した。約50度の温泉が毎分500リットル噴出した。やはりというかなんというか、掘削は結果的に1000メートルに及んだ。「大深度温泉」と言っていい。この地域の深層にはガスと温泉があるという調査結果は聞いていたので、温泉が出ることは確信していたが、その湯が熱かったこと、また量が多かったことは僥倖《ぎょうこう》であった。

私たちは勇躍、申請書を修正して、改めて県に開発申請を行った。返事は来なかったが、構うことなく6月14日、金城市長を招いて瀬長島の地鎮祭を行った。結局、設計変更をして建築確認を取り直すことができたのは、その年の9月13日だ。奇《く》しくもその翌日、私たちを応援してくれた金城市長が退任され、代わって、会派を同じくする宜保晴毅氏が新市長となられた。

県が許可を出したことを、今度は国交省が怒ったという噂も聞いた。こちらも真相はわからないが、後になって、温泉にたくさんやってくる休暇中の自衛官や自衛隊関係者の話を聞いて少し納得した。彼らは異口同音に、「よくこの地域に建てられましたね」という感想をもらすのだ。「だってここは国防の要《かなめ》ですよ」と言う人もいた。瀬長島からは那覇空港を離発着する旅客機だけでなく、自衛隊機もよく見える。そのことと何か関係しているのかもしれない。私の関知するところではないが、飛行機マニアのお客様も通ってくださるようになったのは嬉しい誤算だった。

ちなみに、温泉を掘削する申請をした際の申請人は、私でもジオの社員でもなく豊見城市の市長、正確には前市長の金城豊明氏であった。土地の、ひいては温泉の所有権は豊見城市にあるからだ。これは仕方がないことだ。温泉権が勝手に一人歩きされては困る。一企業が市有地の温泉を所有して倒産でもし、温泉の権利がどこか反社会的な組織に売られたりしてはたまらない。

豊見城市はその上で、温泉の使用権を１００％ＷＢＦリゾート沖縄に譲渡する契約を結んでくれた。我々は現在、温泉を無償で使用させていただく代わり、年間５０００万〜６０００万円の借地料と入湯税を納めている。元「忘れられた島」からの上がりとしては、喜んでいただける額なのではないだろうか。

リーマンショック！ 大震災!!

さて、めでたく開発許可は下りた。しかし本当の試練はこの後にやってくる。資金繰りだ。中小規模の旅行会社が、小さいとはいえ島1個を相手にする大規模開発を行うのである。予算25億円は大半を融資で賄うしかなかった。

この開発において、いわばメインバンクと言えるのは沖縄振興開発金融公庫で、10億円を拠出してもらった。内諾をもらったのはリーマンショックより前。その時点では

「いくらでも大丈夫」と言われて安心していたのだが、2008年9月にリーマンショックがあって、「10億が限度」という話になった。だから慌てて他の融資先を探さなくてはいけなくなった。

それでも「瀬長島がいよいよ開発される」という話は地元の受けがいいのか、時を置かずして追加3行による協調融資が決まった。地元金融機関、3行で7億だ。10年秋には各行の融資部長レベルの内諾を取りつけた。

「これで行ける」と思った。正式決定は各行が正式稟議を上げ、役員会を経てから決済が下りる予定だ。

ところが、ここであの3・11、東日本大震災が勃発してしまった。

この激震は、遠い南の島である沖縄をもある意味で大きく揺らした。

一時的に国内の観光旅行は大きく落ち込む。過去の例からしても旅行需要は、3～4カ月は戻らない。かたや銀行の手続きは、沖縄《ウチナー》タイムで役員会の決裁が遅れていた。その間に震災が起こり、事態が一変したのである。銀行の担当者とも、途端に連絡がつきにくくなった。

幸い、震災後の4月27日には沖縄振興開発金融公庫との契約が済み、メインバンクとなってもらうことが確定する。10億円は確保できたので、5月2日にゼネコンであるイチケン九州との建築請負契約も済ませた。他の追加3行の正式決定が下りなかったので、この契約も実はギリギリ伸ばしに伸ばしていたのだが、もう限界であった。

そこへ最悪の結果が訪れた。6月3日にR銀行の担当者から電話があり、「ご融資の件は役員会を通りませんでした」と言うのである。

「いったい、融資部長の内諾とは何なんだ!?」と電話口で荒れたが、決定が覆るはずもない。こうなると、協調融資全体にいったんストップが掛かってしまう。7億円と建築中のつなぎ資金が目の前から消えようとしていた。

ゼネコンと契約はしたものの、融資が決まらない以上、着工はできるだけ遅らせてもらわなければならない。ぎりぎり押し問答をして、結局、着工したのはその年の8月1日だった。あまりに遅いと、ペナルティと震災復興の技術者不足に巻き込まれてしまう。

その後、工事は滞りなく進んだ。私はその陰で資金繰り、というか、投資家探しを必死に続けていた。

沖縄の経済同友会のメンバーをしていた関西学院大学の同期から紹介してもらって、O銀行の頭取にも頼み込んだ。が、断られた。「バリのホテル投資家」なる人にも依頼したが、これも不調だった。どちらも11月に敗退。ゼネコンに対する支払いができず、12月まで待ってもらった。それから1月にかけて、東京の投資家のところにも金策に走ったが、ことごとく不調だった。

そうこうするうちに12月末には、さすがにゼネコンへの一部支払いが必要になった。何とか本社であるホワイト・ベアーファミリーのキャッシュをかき集めて、2億円を支払った。綱渡りだった。今度はホワイト・ベアーファミリーの資金繰りがきつくなったのを鮮明に覚えている。12月は旅行のピークなので、どうしても支払いが多くなる。だからキャッシュがきつい時期なのだ。他の支払いを頼み込んで遅らせてもらってまで、瀬長島ホテル建設の資金繰りに当てて、しのいだ。

このころ、いつもは機嫌よく私の仕事を見守ってくれている妻が、珍しく私に苦言を呈した。

「私たち身内はいい。でも数百人の、社員とその家族の生活を考えて」

はかばかしい返事ができなかった。全くもっともな心配だった。

そんな有様だから、待ったなしの状況で2012年の正月は明けた。やっとR銀行の融資が決定したのは1月17日のこと。融資部長はじめ支店長が社内で根気よく根回しをしてくれたおかげだ。半年も前に否決された案件が再度認められるなんてことは、通常、私の経験では考えられなかった。今も感謝に堪えない。その後さらに数カ月の時間を経て、6月に他行の融資も決定。さらに別の銀行も融資をしてくれることになった。

正直、ほっとした。経営者は辛いと思った。

それでも、夢を諦めるわけにはいかない。

一年目は撃沈

ホテルを建てている最中から、私はいろいろな人を建築現場に案内した。

中国に「グロリアホテル」という50軒くらいのチェーンがある。ある人の紹介で、その会社の代表にお会いし、瀬長島の話をすると、「ぜひ、その場所を観てみたい」と言われたので、早速お連れした。代表はこのロケーションを絶賛してくれた。プロにはわかるのだ。それまで、自信があるとはいえ絶対ではなく、心の中にブレもあったのが、彼の一言で自信を深めることができた。

だから、少しなめていたのかもしれない。ホテルの完成後も、苦難は続いてしまった。

2013年2月。瀬長島ホテルがようやくグランドオープンを果たしたとき、これまでのラッソなどと同じように、放っておいても売れる、一人歩きを始めるだろうと高をくくっていた。だから初年度の売上を締めてみて、瀬長島ホテルの集客力のなさに、頭をガツンと打たれるようなショックを覚えた。

ホテルが1軒もなかったその場所に、これまでになかったタイプのホテルを作ったわけだから、市場はまだない。新たに客を呼ぶ必要がある。そのこと自体はもちろんちゃんとわかっていた。それでも自信があった。これまでとは違う沖縄観光のルートが生まれるという自信だ。

これまでにないホテルだから、沖縄にある既存のホテルとはどこともバッティングしない。カニバリを起こすこともない。むしろ送客という意味では、沖縄に新たな魅力を加える企画だ。その点は旅行会社である私たちにとって、極めて重要なポイントである。

恩納村のリゾートホテルと戦う気などは最初からない。恩納村に行く前の1泊、あるいは最後の1泊を泊まってもらえればいい。それが空港近接の利点だ。そう思っていたのだが、どんな思いも客足にはまったくつながらなかった。

そんな状況だけに、市が大いにこのプロジェクトを支援してくれたのはありがたくもあり、プレッシャーでもあった。

瀬長島ホテルの完成と同時に市は「瀬長島観光拠点整備計画」を策定、島の道路や施設の整備を着々と進めてくれている。民主党政権時代の一括交付金を元手として、年間数億円の予算をつけてくれたのだ。バーベキューサイトもできた。鬱蒼《うっそう》とした丘をきれいに刈り込んで遊歩道を設置し、公園もできた。ゴミ捨て場であった島は、見違えるようになった。整備は現在でも続いており、今後は電柱の埋設も行われる。客室からのオーシャンビューを無数に横切っていた電線が取っ払われ、いよいよ美しい景色が楽しめるようになるだろう。

地元の人も、「よくこれだけ変わったものだ」と言ってくれる。その変わりようは、沖縄全土で大きな話題になった。

ちなみに今「支援してくれた」という言い方をしたが、もしかしたらこれは不遜《ふそん》だったかもしれない。ホテルにとってみれば、ホテルのために周辺を整備してくれていると映るし、そう言える。しかし行政から見れば、そもそも進めようとしていた瀬長島開発の核テナントを、瀬長島ホテルに託しているだけとも言える。つまりわが社が来ていなくても遊歩道はできていたのかもしれない。

とはいえ、そんなスジ論はどうでもいい。つまりは行政と企業が一緒になって、一つのエリア、それも龍神の島と呼ばれる聖地を開発した、そのことが大事なのだ。この部分をこそ、良き先例にしたいと私は思っている。

本土からの観光客、海外からの観光客の送客はまだまだ目標には達していないが、チャンプルーリゾートの前提である地元の方々の温泉利用、ウミカジテラスの利用、そして宿泊は、予想を上回るペースで増加している。嬉しいことだ。「飛行機の時間まで何時間かあるので、ちょっと島に寄って、お風呂に入ろう」という人がすでに現れている。

ホテル文化て何や

建物ができたら、ホテル業には次の苦労が待っている。人材である。

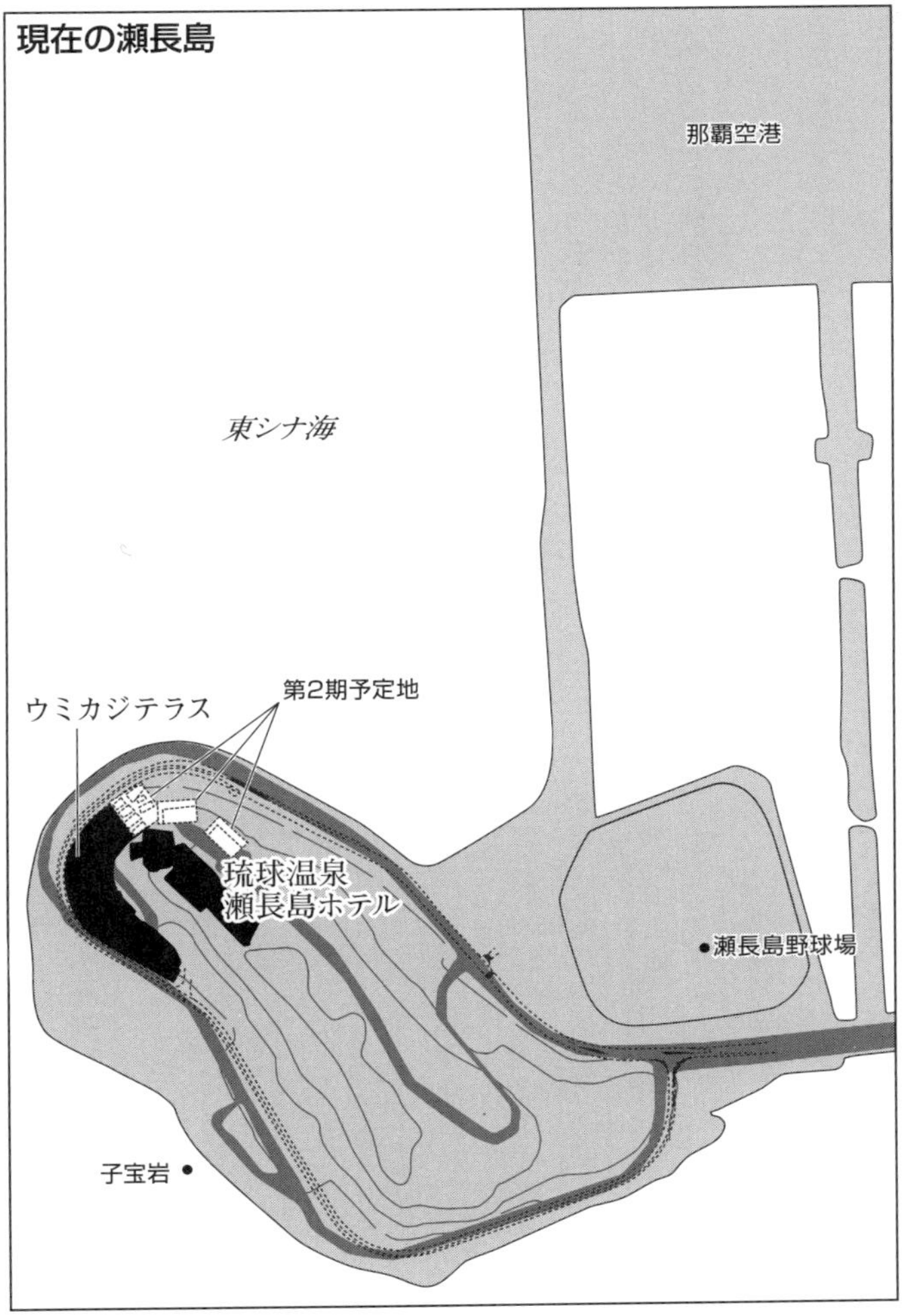
現在の瀬長島
那覇空港
東シナ海
第2期予定地
ウミカジテラス
琉球温泉
瀬長島ホテル
瀬長島野球場
子宝岩

ラッソ・ブランドで宿泊特化型ホテルの運営経験は積んでいたとはいえ、今回の瀬長島ホテルは勝手が違った。コンセプト優位のリゾートホテルなのだから、求められるサービスの質が段違いなのだ。幸い、ホテルの料理長にはいい料理人が見つかり、開業前から腕を振るってくれている。砂川直樹。とても勉強熱心で毎年のコンクールにも積極的に参加し、県知事賞を5回受賞している。

苦労したのはゼネラル・マネジャー（GM。総支配人）の人選だ。

ホテル業界はとかく転職を繰り返す人が多い。そのほうが「箔《はく》」がつくという感覚らしい。転職するたびに前のキャリアを踏まえてポジションが上がり、年収も上がるという人事制度が業界に共通しているという。何よりも経歴で評価される世界なのだ。

それは異業種の者から見ると、一つの職場にどこまで情熱を持てるのかという点で、もの足りなく感じる。熱心さに欠けるようにも見えてしまう。

私の信念で言うなら、旅行会社もホテルのオペレートも24時間体制でなければ勤まらない。メーカーの経営者であれば、工場が止まっている間は完全にプライベートかもしれないが、サービス業というのは24時間365日お客様がいて、動いているのだ。私ももちろん休みは取るが、何かあったらすぐに飛んで行く気構えは常に持っている。事故があるかもしれないし、大きなクレームが生まれるかもしれない。だから24時間、気持ちは仕事のほうを向いていなければならず、連絡がつかなければならない——そうしたスタンス、ハートが通じるか通じないか。

瀬長島ホテルで新規採用した面々と話す限り、どうもそれが通じそうにない。ホテルマンには、そもそもセクショナリズムで育っている人が多い。GMの仕事はこれだけ、料飲部門はこれだけ、フロントはこれだけ、温浴は温浴だけ、ハウスキーピングはハウスキーピングだけであって、たとえばフロントは料飲のことがわからないし、何かあってもフォローする気はない。完全に縦割りの社会で、横のつながりやお節介といったものが存在しない。

それが、私には我慢ならない。

ホテル関係者がよく言うセリフに、「ホテルは開発してしまえば後は楽だ。とりあえず人を置いておけば、オペレーションは何とかなる」というものがある。とんでもない。ある程度のレベルで妥協するのであれば、そんな面もあるのかもしれない。しかし真剣にやろう、ハイレベルなホテルになろうと思えば、そんな甘い考えでは破綻する。

チラシを作って大学の教室に撒くことから始めた私にとっては、マルチタスクで何でもやるのが標準スタイルだ。泥臭いことを含めて、すべてが仕事である。

ところがホテルの世界だと、下っ端《したっぱ》の時によっぽどこき使われるせいなのだろうか、上に行くほど働かない人間になってしまう。特にGMには邪魔くさい「GM像」があって、指示を出すだけ。支配人室に収まって、出勤しているのかいないのかわからない。外出すればしたでどこに行っているのかわからないという、雲の上の存在なのだ。

私はもちろん、WBFリゾート沖縄の社長である兼城《かねしろ》もこれには頭を抱えた。とにかく、ホテルマンの常識が我々のものとは異なる。

会社としては常に、もっと「見える化」をしていきたいと考えている。上に行けば行くほど見られる立場になる。その分、頑張らなくてはいけない。当然トップは、誰からも一番見られる立場だと思う。

ホテルも同じはずだ。活気のある、いいホテルの支配人は、ちゃんと顔を見せる。お客様に挨拶をして、その場の雰囲気を作っている。ラッソもそうだが、特に宿泊特化型のホテルの支配人は偉そうになどしていられない。ホールも担当するし、清掃が間に合わなければ手伝う。そういう「何でも屋さん」が多い。

しかしリゾートホテルなどの場合は、それができないGMが多すぎる。「ホテルの格は自らの優雅さに比例する」と言わんばかりに、勘違いして「勝手に偉い」奴が多い世界のようだ。

彼らには残念だが、私の会社は違う。リーダーこそが率先して行動する、手伝うというのが社風だから、それに合わないGMは辞めてもらうしかなかった。

最初のGMはホテル建設中に採用し、開業前にいなくなってしまった。その次には北海道のラッソの責任者に兼任してもらったが、開業後の業績不振時に、一身上の都合で退社してしまった。開業後はリゾートホテルなどのGM経験者に頼んだのが、締めて3人、いずれも短期間しかもたなかった。現在は、またラッソの責任者から内部昇格した者に勤めてもらっている。

兼城社長とこもよく話をするのだが、この世界も日進月歩で変化が激しい。世の中がそうなのだから、ホテル業界もそうならざるを得ない。

ところがホテルマンたちのレスポンスは遅い。

普段の動きも遅いと兼城社長は言う。もちろん、ホテルの人間はお客様の前では優雅でなくてはいけない。動きにゆとりが求められる。だけど、いったんバックオフィスに消えたら、その動きは慌ただしくなるはずだ。もしお叱りをいただいたことがあれば、すぐに対処しなくてはいけない。スピードが必要なのだが、どうも動きがのろいと兼城は嘆く。

ＷＢＦブランドのホテルは、リゾートホテルもビジネスホテルも、ホテルの常識でなくＷＢＦという旅行会社の常識で動いてもらわなくては困る。それについていけない人間は、ＧＭであろうといてもらっては困る。

ＷＢＦグループはどこでもそうだが、瀬長島ホテルでも、お客様アンケートを綿密に採っている。ネットを検索しても、ポジティブ、ネガティブの反応が拾える。私はそれらをしっかりと読み込んで、責任追及する。

あるＧＭの場合はこうだ。ある晩、誤って館内に非常ベルが鳴ったのだが、音を止めるまでの対応が遅かったので、一部のお客様が廊下に飛び出して来られた。フロントに怒鳴り込まれたお客様もいらした。その時、お客様のあまりの叱責の厳しさにフロントの女性が思わず泣いてしまい、余計に怒られたという出来事があった。

いつも不在がちなＧＭだったが、その晩はたまたまホテルにいた。しかし、一切、お客様の前に出ていかなかったのだという。翌日の朝のチェックアウト時、当然、フロントの人間は昨夜の不手際を謝るわけだが、その時もＧＭは表に出ていかなかった。それを知った私は、彼を大阪のＷＢＦ本社に呼んで解雇した。

そのＧＭは、「普段からトレーニングをしているのだから、現場のスタッフだけでそのくらい対応できなければダメだ」などと抗弁した。私に言えたのは「お前はうちでは無理だから辞めろ」という言葉だけだ。

兼城社長との出会い

「瀬長島ホテルのＧＭは長続きしない」――これは業界内でも有名だ。新任者を探す合間には、現社長の兼城賢成《よしなり》にＧＭを兼任してもらった時期もある。その兼城について、少しだけ紹介をしておこう。

彼は沖縄の人間だが、20代後半で転職してからは本土にある会社でずっと働いていた。

ところが単身赴任で働く10年間の間に二度、不幸にも交通事故に遭ってしまう。二度目の予後が悪く、会社を辞めて妻子の待つ沖縄に帰った。私が瀬長島開発に着手したころ、彼はちょうどリハビリ期間だったそうだ。

兼城の前職は、名古屋に本社があるレジャー施設向けの商社の営業マンだ。サービス品から家具まで、建物以外の動かせる物品であれば何でも扱っている会社だった。全国のゴルフ場やホテルなどに置く歯ブラシからロッカーから、什器《じゅうき》一切を扱っていた。

そこで兼城と付き合いのあったのが、大阪のアクアテックジャパンという建築設計事務所である。温浴施設のコンサルタントも行っているその会社に、私は瀬長島の開発についで助言を仰いでいた。計画が進むにつれ沖縄での作業も増えたが、同社も何かあるたびにいちいち沖縄に出張ってくるわけにはいかない。そこでアクアテックは、沖縄に戻っているのならばと、兼城に手伝いを頼んだのだという。たとえば温浴関係の市場調査やいいマッサージ師を探すなど、前職や地元の人脈を使った仕事に彼は適任だった。

私は彼の話をアクアテックジャパンから聞いて、「そんな人がいるのであれば、ぜひ会ってみたい」と紹介を頼んだ。そして実際に会ってその人柄に惚れ込み、ぜひうちに来てほしいと頼んだのである。兼城には最初、身体のこともあって固辞されたが、押し切る形でジオ沖縄（当時）に入社してもらった。

前職の商社もそうだが、その前、沖縄で彼がやっていた仕事も私にとって魅力的だった。貯水槽関連専門の建築業である。設備の機器を扱う沖縄県内の設備会社で、兼城は20代前半の若さで図面を引いたり営業をしたり、試算・精算をしたりと、一人で何でもこなしていたそうだ。掘削を始めていた、瀬長島ホテルの温浴関連施設を開発する責任者を任せられる人材だと思った。

温浴施設については門前の小僧よろしくそれなりの経験があり、建築業界にもいた。また前職では支社の立ち上げを行うなど全国を飛び回り、役員にまでなっていた。つまりはビジネスパーソンとしてのトレーニングが十二分にできていた人間なのだ。しかも沖縄出身で、沖縄の人たちの気持ちがわかる。人脈もある。

20代の兼城は、「沖縄《ウチナー》タイム」と呼ばれる沖縄の人たちの仕事の進め方に飽き足らず、沖縄を飛び出したのだと言う。それが本土のビジネス界に身を投じ、東京や大阪、名古屋のスピードにも慣れて自分の強みを見つけた。やがて怪我をしたことをきっかけに、ある時期から「ゆくゆくは沖縄に戻って、何か地元に貢献するような仕事をしたい」と考えるようになっていたそうだ。

私にとって、まさに天祐とも言える出会いだった。当初は龍神の湯など温浴施設を中心に担当してもらったが、開業が近づくにつれ料理長やGMを選んでもらうなど、八面《はちめん》六臂《ろっぴ》の活躍をしてもらった。先述したようにGMが定着せず、彼にも慣れない苦労をさせた。そしてWBFリゾート沖縄を「独立」させるにあたり、今度は同社の経営を任せることができたわけだから、随分といい人材に恵まれたものだ（「独立」については六章で詳述する）。

第四章

ベッドタウンに
リゾートを

元村長、前市長は語る

なかなか下りない開発許可、凍結された融資、人材難……簡単に振り返っただけで困難続きだった開発だが、人との出会いにも恵まれ、とにもかくにも2012年12月19日、瀬長島ホテルは何とか開業レセプションにこぎつけた。

本章ではこの事業に欠かすことのできない二人の人物、前・豊見城《とみぐすく》市長の金城豊明《きんじょうとよあき》氏と、現職の宜保晴毅《ぎぼはるき》市長から聞いたお話を紹介したい。私やホワイト・ベアーファミリーがお二人にはどう見えたか、瀬長島計画に対する当時の想いなどを、本書を執筆するにあたり、改めておうかがいしたものだ。

豊見城市は中世、沖縄本島が3つの王国に別れていた三山《さんざん》時代の、南山側の中心地であった。支配者の居城に拝所《はいしょ》や御嶽《ウタキ》を併設した、いわば聖俗併せた中心地としての城《グスク》が市の北部、現在の豊見城集落に築かれていた。ただしそれ以前、最初のグスクは瀬長島にあったという伝説があり、そのため瀬長島は「豊見城発祥の地」と言われている。

三山が琉球王国に統一されて首里（現・那覇市）に首都が移ると、一帯は地の利を生かして都市近郊型の農業地帯となる。町村制施行後は畑中心の純農村「豊見城村」であったが、沖縄が日本に復帰した１９６９年ころから村内に分譲地やアパートが急激に増え、那覇市からこぼれた人口を受け入れ始める。67年に1万５０００～６０００人だった人口は75年には2万５０００人を突破。翌年には「日本一人口の多い村」と呼ばれた。豊見城が「村」から、「町」を経ないで「市」になったのは２００２年。その大転換期に村長を務めていたのが金城氏だ。１９９８年9月から3期12年にわたり首長を務め上げられたが、２０１０年に引退を決意して会見を開き、後継に宜保氏を指名した。現在は豊見城龍船《りゅうせん》協会会長を務めておられる。

瀬長島の計画について私がプレゼンした、主な相手がこの金城前市長である。先にも説明したように、収入役の安谷屋氏の紹介でお目通りがかなった。「瀬長島は豊見城発祥の地であり、憩いの島なのです」と、軽いジャブをいただいたことを昨日のように覚えている。

驚いたのは、瀬長島を開発したいという提案を私の前にもたくさん受けておられたことと、その内容である。

場外馬券売場、ドッグレース場、競輪の車券売場、パチンコ屋、モーテル……。私が言うことではないが、ロクな案がない。前市長は苦笑する。

「提案されれば、一応は聞くんです。するとすぐ地元紙の記者が聞きつけて『市長、これ誘致するのですか？』と聞いてきます。私は『検討だけはしてみたいな』と答えます。どんな提案でも、考えもしないで断ったりできませんから。すると『瀬長島に馬券売場を建設か』などと新聞に書かれ、婦人会、ＰＴＡが大騒ぎする」

空港が近いので、麻薬犬の訓練所に使えないか、という問い合わせまであったという。それも世の中のためにはなるが、とても市民が集《つど》える施設とは言えないだろう。

そうした中で、私のプランが最も確実、堅実だと感じてくれたそうだ。その後、市の職員に指示してホワイト・ベアーファミリーのことも調べ、さらに安心したと言う。

「職員がコンピュータから顔を上げて『すごい。こんなきちんとした会社だったら安心ですよ』と言っていたのを覚えています」

豊見城市には、①那覇市のベッドタウン　②農業の町　③観光地　④準工業地域　という４つの顔がある。市政としてはそのすべてに力を注がなければならない。

先にも説明したように、①のベッドタウンとしては、那覇市と国道331号でつながっている地の利が大きい。少子高齢化を憂うわが国において、今も人口が増え続け、子どもたちの数が多いこの市の活気は貴重である。

②の農業もブランド化した豊見城マンゴー、トマト、葉野菜の栽培が有名だ。市内には裕福な農家が多い。また④では市全域が「国際物流特区」指定を受けており、製造・物流・倉庫など空港周辺ならではの準工業に対応している。つまりこの市は、県庁所在地とハブ空港に隣接する特権を3つの顔で十分生かしていた。一つ、③の観光を除いては。

歴史ある豊見城（グスク）は主な史跡を爆撃で破壊され、その跡地を民間企業が城址公園として活用していたが、2003年に閉鎖した。同じく豊見城の集落には1999年にラムサール条約（正式名称「特に水鳥の生息地として国際的に重要な湿地に関する条約」）の登録湿地となった漫湖《まんこ》がある。マングローブが生い茂り水鳥が憩う、誠に美しい眺めではあるものの、観光の決め手にはならなかった。湿地の眺めを売りにしていたホテルが廃業し、現在は専門学校になっているほどだ。豊崎地区には沖縄県最大のレンタカーステーション（OTS、オリックス、ジャパレンの3社共同）があるが、観光客は皆、ハンドルを握ると早々に島の北を目指してしまう。地元にお金は落ちない。

1975年の海洋博を契機に、沖縄は「観光立県」へと大きく舵を切った。が、豊見城市は爆発的な人口増に対応するのでいっぱいだったのか、観光面に悩みを抱えている様子だった。大阪の中小企業に過ぎないわが社の提案を真摯に受け止めてくれた背景には、そのような事情があった。

それでも生粋《きっすい》のウチナーである金城市長に、温泉を核としたチャンプルーリゾート構想は実際、どう映ったのだろうか。

「確かに、私も普段はシャワーで済ませます。『そんな土地で温泉はどうなんだ』という意見も役所で出てました。でも、社長のほうから、沖縄県民も結構、温泉好きだという調査結果を見せていただき、それで安心した部分があります。

普段はシャワーで済ませるけど、癒しを求めるとき、骨休めしたいときは温泉なんだ。だったら高齢者の市民の皆さんも、近くに温泉ができれば簡単に癒しを得られるじゃないかと思いました。私たち行政側の人間だって、1年じゅう働いているわけにはいかないから、年末くらいは温泉に浸かりたいしね」

と、呵々大笑《かかたいしょう》された。

私が市長の導きによって「瀬長島活性委員会」で話したことは前にも述べた。ＪＡの支店長や商工会の人など、地元の経済人を入れた市の諮問《しもん》機関である。その後、委員会は私の案を検討し、満場一致でＧＯサインを出してくれたそうだ。この結論を受けて、市議会でも満場一致のお墨付きをいただいた。市にしても、ある種の賭けであったろう。

「採択はしたものの、本当に温泉が出るかどうかは不明でした。ガスや水を含む層があるので、出るという研究結果は出ていましたけど、お湯が熱かったという経験は周囲でも一度もなかったんです。掘削が成功して、熱いお湯がたくさん出たという連絡をもらったときは、役所ではみんなでバンザイしましたよ。出るにしてもぬるいお湯だろうから、沸かし湯にしないといけないと思っていたので、そこは嬉しい誤算でした。

それに、いざ開業してみると、確かに、意外に沖縄の人も温泉好きだったことがわかった。当然ですよ。何と言っても、あそこは見晴らしが最高です」

バンザイの話はこのインタビューで初めて聞いた。ありがたいことだ。氏は掘削前の地鎮祭、建築前、グランドオープンと建設の節目節目にも必ず瀬長島までお運びくださった。

前章で、温泉を掘った当時の事業主の名前が金城氏だと述べたが、実は現在の権利者もいまだに金城氏の名前となっている。氏は「ごめんなさい」と茶目っ気たっぷりにほほえんで、これは市の顧問弁護士がそうアドバイスしたのだと教えてくれた。

「『そうしないと、近藤社長が不慮の事態に巻き込まれたら、市は空っぽになっちゃうよ』と言うわけです。社長には多額の出資をさせましたね。温泉の掘削当時は資材の値段が上がり始めていましたので、相当苦労されたと思います」

出会って10年。厳しい市長さんだと思っていた金城氏から、こんなふうにねぎらってもらえるとは思わなかった。われ知らず目の奥が熱くなる。

「社長が瀬長島をきれいにしてくれてからは、レンタカーで飛行機だけ見に来るウチナーも結構増えています。私も模合《モアイ》（沖縄の無尽講）の集まりで瀬長島ホテルを何度か利用しました。地元の友達が『上等さぁ』って言ってましたよ」

始めなければ始まらない

金城市長の後継者となった宜保晴毅氏は２０１０年10月、42歳で市長に当選した。県内では最年少市長だ。

1000m掘削して、ついに温泉を掘り当てた（写真提供：㈱エオネックス）

公約の一つに「都市型観光産業の構築」を掲げられたそうで、金城氏の紹介で初めてお会いした時から、「お客様をどう呼び込むか」の話で盛り上がったことを覚えている。私が、瀬長島を含めた豊見城市にはＭＩＣＥ（Meeting, Incentive tour, Convention〈Conference〉, Exhibition　ビジネス旅行）需要が十分見込めると申し上げると、宜保市長は大変熱心にお聞きになり、その後、独自に猛勉強をされたらしい。２０１２年、当時の仲井眞《なかいま》弘多《ひろかず》沖縄県知事が2万人収容規模の大型ＭＩＣＥ施設構想を打ち上げるや、間髪を入れずに候補地として名乗りを挙げたのだ。その思い切りのよさ、行動力。「これはまた、頼もしい人が市長になってくれた」と心強く感じたものである。先日、ＭＩＣＥ候補地が与那原・西原両町に決まってしまったのが本当に残念だ。宜保市長は「ＭＩＣＥ誘致を諦めない宣言」を出す一方で、市の全域に目を配って観光政策を精力的に進めている。

「仲井眞前知事が観光産業への注力を宣言したおかげで状況が変わったと感じています。観光に力を入れやすくなりました」

確かに、直接関係あるかどうかは不明ながら、例の豊崎の埋め立て地分譲が２００６年。仲井眞知事誕生の年である。豊崎にはその4年後、豊崎海浜公園に県内最長の人工ビーチ「美《ちゅ》らSUN《サン》ビーチ」がオープンした。もともと豊崎には県内唯一のアウトレットモール「あしびなー」があるため、宜保氏はそこにホテルも誘致したいという。

さらに大きかったのは2011年、仲井眞知事が獲得した沖縄振興一括交付金だという。これで10億余りの予算が、「沖縄県に資する事業」に使えることになった。「それまで、やりたくてもできなかったことが一気にできるようになった」と若き市長は意気込んだ。

「観光全般に言えることですが、市としておもてなしの体制を整えないとならない。観光協会などにもお願いして、足並みを揃える必要があります。美らSUNビーチのイルミネーション、『島ぜんぶでおーきな祭（旧「沖縄国際映画祭」。毎春、那覇市で開催）』に応援団を送り込む、知恵の旅（工場見学）……などなど、思いつくこと、やりたいことはたくさんある。

何をやろうとしても『時期尚早ではないか』という意見は必ず出ます。しかし、始めなければ始まらないですよね」

宜保市長は、沖縄観光の後先に気軽に寄れるという立地面の長所を生かし、旅の「最初の一日」か、「最後の一日」を豊見城で過ごしてもらおうというスローガン「旅の始まりと終わりのアジマァ（「交差点」といった意味の沖縄弁）」を提案している。これは瀬長島ホテルのコンセプトとも合致する。

たとえば「道の駅　豊崎」に作ったモノづくりの体験・見学・販売スペース「豊見城市観光プラザ　てぃぐま館」のエピソードがおもしろかった。自作の工芸品を売りたい人が、観光協会に手数料を払って出店するレンタルボックスでの話だ。そこでは「沖縄に来たばかりのお客様は買わないが、2～3日後に来たその人が『やっぱりここが一番安かった』と言って買っていく」傾向が顕著なのだという。


さて、いくら市長が精力的だとはいえ、一括交付金のころは突然に予算が潤沢になりすぎた。市の担当課だけで各事業に取り組んでいたらパンクしていただろうと宜保市長は振り返る。それでも豊崎を中心に、瀬長島、城址公園の再整備と豊見城市の観光整備がスピーディに進んだのは、「ホワイト・ベアーファミリーさんらの協力あってのこと」だと評価してくれた。

「公約だった屋台村もお陰様で実現しましたし……」

そう。実は瀬長島の屋台村・ウミカジテラスは、そもそも私たちの発想ではなかった。

公約！屋台村

2015年8月にオープンして、順調に沖縄の新名所となっているウミカジテラス。瀬長島の斜面を整備して地中海に面した街のように作り、30数店の小さなショップやレストラン・カフェが入っている。これも沖縄では非常にユニークな形態である。

私は当初、このスペースをいわゆるレストラン街にしようと考えていた。たとえば和食と中華と洋食というように、4店か5店の大き目なレストランを招聘《しょうへい》し、それぞれ別棟を作ろうと思っていたのだ。

ところが宜保市長とお会いしたときにそのスペースについて話が出て、「屋台村を作ってほしい」と言われた。素直な反応として、「いや、市長、屋台村はないでしょう」と答えたのだが、しきりに屋台村をプッシュされた。

後からわかったのだが、なぜか宜保氏は市長選に初挑戦する際の政権公約で、「瀬長島に屋台村を作る」と言っていたそうだ。再び市長の話を聞こう。

「私が豊見城市の観光の柱として公約に掲げたのは、①医療ツーリズム、②屋台村の建設です。先ほどのレンタルボックスのように、外部の人のためだけの観光施設でなく、県民が利用できる、利用しているような施設にアジアのお客様を呼んで、地元の方と触れ合ってもらおうという計画です。『交わるリゾート』です」

医療ツーリズムとは、自国の医療技術や医療費の安さなどを売りに外国人の患者を受け入れる特殊な観光ジャンルだ。市内にはもともとアジアの観光客に検診施設などを紹介する会社があるため、宜保市長は日本の医療ツーリズムの先進事例作りに励んでいる。豊見城中央病院と提携しての再生医療・検診・透析患者受け入れのため、台湾の病院と協力体制の構築と医学用語の研修などの支援を行っているという。

肝心の屋台村構想については、氏がもともと所属していた商工会の青年部で「豊見城市に屋台村、アジアのナイトマーケットみたいなのを呼びたいね」という話が出ていたそうだ。前市長時代には、市議会でも提案があった。宜保市長は鹿児島出張の際に市内の屋台村に行き、その魅力を再認識した。

最初は話が見えず、いったい何がしたいのだろうと悩む私に、市長は鹿児島市中央の「かごっまふるさと屋台村」など、全国の屋台村の名前と場所をいくつか挙げられた。

「屋台村と聞いて、私も最初は博多の屋台村みたいに猥雑《わいざつ》なイメージを持っていたのですが、まったく違った。台湾や上海のナイトマーケットのように、まず店舗が固定されているし、きれい。さらに店長の店員への教育が行き届いているので、お客様との会話が弾む。私が行ったときは、屋台村の居酒屋に他の行政施設の人も居合わせていましたが、店が狭いからすぐ仲良くなれるのですね。屋台村のよさがわかりました。それで、瀬長島にぜひ屋台村を作ってもらいたいと思ったのです」

聞けば、地域振興や地産地消を謳《うた》い、青年商工会などがかかわっているケースも多い、新しいタイプの屋台村なのだと言う。「こういう屋台村があるから、それを瀬長島に作ってくれないか」と、会ったばかりの青年市長は目を輝かせて語った。

さすがにそのままスルーするわけにもいかない。それによくよく考えれば、こちらがプレゼンしたチャンプルーリゾートに何やら通じるニュアンスがないわけでもない。そこで、一度、鹿児島の屋台村を調べに行こうと考えた。

事前に調べてみると、札幌にある「街《まち》制作室株式会社」という、街づくりの設計コンサルタント会社がプロデュースしているとわかった。たまたまその会社は出張などでわがホワイト・ベアーファミリーのヘビーユーザーだったことも判明した。

それで連絡を取ってみると、なんと同社の國分裕正《こくぶんひろまさ》社長が案内を買って出てくれて、わざわざ鹿児島まで来てくれた。それで一緒に視察したところ、２５０坪の土地に25軒の掘っ建て小屋を作った屋台村は雑多で、小さな店内は酔客で賑わっていた。その点は、それまでイメージしていた普通の屋台村とさほど変わりはない。ただし、ものすごく流行っていた。

その土地の風土・文化を大切にすること、地元の人に愛されること……國分社長から屋台村のコンセプトを聞いてみると、確かに我らのチャンプルーリゾートと共鳴する部分がある。

だからその場で、「國分さん、沖縄の瀬長島でこんなことを考えているのだけど、一緒に考えてくれませんか」とお願いした。そこから二人三脚でウミカジテラスの構想を作り上げたのだ。

ウミカジテラスは普通に言う屋台村とは違うが、コンセプトは「かごっま」とも通底している。私たちの考えた新しい形での屋台村なのだ。

出店企業は県の内外を問わず公募した。家賃は売上の10％と、明朗会計に。審査員が実際に試食をして、おいしくて、情熱を感じるテナントから優先的に決めた。出店には企業規模の大小も関係ないし、会社か個人事業かも関係なしとした。

宜保市長もこの計画に大いに賛同してくれた。審査員にもなってくれて、実際に試食して入れてほしい店を指名された。もちろん、審査自体は厳正に行っている。

「ウミカジテラスは前評判も非常に高かったです。私のフェイスブックには県民３５００人、その他５００人の友達がいるのですが、これまでで『いいね！』が最も多かったのが『孫が生まれました』の記事とウミカジテラス構想発表でした」

47歳で１歳の孫のおじいちゃん、うらやましい話だ。

告知は新聞広告を中心に展開した。全国に情報が行き渡ったかどうかは不明だが、札幌からも東京からも、大阪からも参加希望者がやって来た。最初の説明会に来たのは２００社で、最終的に35店を決めた。

屋台村のイメージがあるから、たとえばコンビニエンスストアなどのチェーン店は最初から対象外としていた。チェーン店など規模の大きなブランドも結果として皆無だ。それもそのはずで、鹿児島の屋台村にならって、１店舗の面積の基本は５坪。大規模チエーンを有する会社に、そのような広さに対応するマニュアルはないはずだ（ただ、何パターンか用意し、大きいほうで20坪、1軒だけ47坪の店がある）。

ウミカジテラスでは全体に地元色を出したかった。沖縄だけではなく、全国津々浦々の地方色だ。テナントには旭川ラーメンの名店もある。「青い海に憧れていたから」と言ってはるばる参加してくれた。


宜保市長も、市のトップとして瀬長島ホテルとウミカジテラスの動向には注意を払ってくれている。

「瀬長島の場合は幸い、琉球温泉に当初予定した倍の集客があり、日帰り入浴が増えていたところにウミカジテラスの成功が重なりました。これまで、瀬長島はドライブ客こそ多かったですが、買い物できるところがありませんでしたから。また『島にレストランやショップが並ぶ』という施設は、これまでの沖縄にはないものです。

市としては、近藤さんの『瀬長島を、沖縄を代表する観光地にしたい』という言葉に全面的に協力したいと考えています」

ホテルの開業に合わせて市が「瀬長島観光拠点整備計画」を策定してくれたことは先

にも触れた。「隣の楽園。」としてふるさとの風景を再生・保全し、人工物は米軍統治時代に形成されたデザインを生かす方針も決まった。今も道路脇に残る米軍基地時代の角柱の、レトロな意匠をそのままに光が灯るようにするなど、聞くだにワクワクする計画が進行中だ。

「せっかく市が観光に力を入れても、やはりお客様が滞在してくれないとお金は落ちません。ウミカジテラスの第2期工事も近い将来に実現するのでしょうが、新しい施設もあり得ますね。もちろん、WBFリゾート沖縄さんだけの瀬長島ではありませんので、企画は公募ですが」

軽く釘まで刺されてしまったが、「瀬長島ではウインドサーフィンの全国大会を開いているので今後はマリンスポーツ関連の整備にも力を入れたい」と市長は付け加えた。海岸利用者のシャワーやトイレを整備してくれるという。ありがたい話である。

台風の影響などでグランドオープンが6日間伸びるというアクシデントもあったが、ウミカジテラスのその後は順調に推移し、望んでいたように、地元の人たちの憩いの場となりつつある。市長のコメントにもあるように、第2期工事ができるように土地を用意しており、問い合わせも多い。

現在、瀬長島の最大の弱点に道路の問題があるが、那覇から来る道路の渋滞も、国・市による道路整備とバス網の拡充、また私たちが空港までの無料シャトルバスを運行することで緩和されるだろう。息はピッタリと合っている。

そう、行政や飲食・サービス業の人々を巻き込みながら、瀬長島の夢はますます広がっているのだ。これはホテル建設のストーリーではなく、地域開発の事例なのだと、改めて胆に銘じた。

第五章

身を捨ててこそ

リューグチングワン

「地域と共に」「住人と共に」「地元のためになる開発を」というスローガンを叫ぶのは簡単だが、本当の意味で、その地域感情を尊重するのは難しい。特に神や祖霊を大切にする沖縄ではなおさらだ。この章では瀬長島を巡る地元の方々の信仰と、それに相対するうちに私へ訪れた「不思議な境地」について語りたい。

地元の人たちは、瀬長島には龍神がおわすと信じている。「瀬長島は神の島なのだ」――そう聞いてはいても、最初、我々にはなかなかピンとこない話だった。

瀬長島で温泉掘削を始めた際のことだ。40メートルほどの櫓《やぐら》を建てて掘るのだから、結構、おおごとに見える。その際に地元の人たち、道路を渡って陸側に住む豊見城《とみぐすく》市民から、担当者は何度か「何をするのだ」と聞かれたり、「何と無謀なことをするのだ」などとたしなめられたりしたようだ。

そんな話を聞いて、「ああ、本当に神の島なのだな」と実感した。

下見に来た瀬長島には、多くの拝所《はいしょ》らしきものがあった。沖縄地方に独特の、神を拝む場所である。そんなに市民が気にしているのなら、その拝所をどうすべきかと気になった。ホテル建設に際して、どうしても気になる場所もいくつか出てくる。それらをどこに動かせばいいのか、そもそも動かして大丈夫なのか、などと悩んで、市役所に聞いた。するとそんなことは、あまり気にしなくていいですよ」と言われた。

「気にしなくていい？」私はいぶかしんだ。地元の人と話すほどに、瀬長島は豊見城市にとって本当に特別な場所なのだとわかってきていたからだ。

瀬長島は豊見城発祥の地であり、お城があった場所である。その城下町として豊見城市ができたと言ってもいいらしい。

私に瀬長島の歴史を最も懇切に教えてくれたのは、地元の漁協の支部長で、この地の名士である上原芳雄氏だった。上原氏は第二次世界大戦が終わるまで瀬長島の住民だった。以下は、上原氏が調べて私に教えてくれた、この島の歴史だ。

１９６４年発行の『豊見城村史』によると、およそ１５００年前にアマミキヨという一族が住みついて、それが瀬長島の始まりとされている。

その後、その子孫が六代まで住んでいたようで、その時代は「第二神代《かみよ》の時代」と呼ばれるが、その後についてはよくわかっていない。

時は流れて12～14世紀、群雄割拠の時代には、ある按司《あんじ》（諸侯の意）が小規模な城《グスク》を瀬長島に築くが、その後人口が増えていって手狭になったので、現在の豊見城市南部などを領地に加えていった。

ところが、その子孫は中山《ちゅうざん》の一族に滅ばされてしまう。この中山王の時代に、瀬長島の城は増築され、堅固になったといわれる。それは主に、海からの攻撃に対する防御のためであり、同時に当地は、中国などとの貿易の拠点としても賑わうようになったと考えられている。当時は沖縄も戦国時代だったので、その後もいくたびか興亡は繰り返されたと思われるが、いつごろまで瀬長島に人が住みついていて、またいつごろは無人の島であったかはよくわかっていない。

時は巡り、およそ300年前に瀬長区民の祖先が近隣の我那覇《がなは》、名嘉地《なかち》、田頭《たがみ》集落から移り住んだようだ。当時、瀬長島は豊見城御殿の領地で、島の神々を祭り、四季折々の行事を守り続けていくことを条件に住み着くことが許されたといわれている。

第二次世界大戦前の瀬長島は「沖縄八景」にも謳《うた》われるほどの美しい島であり、有数の神の島、信仰の島として各方面からの参拝者が絶えなかった。その中でも特にウマンチュー（地元の人たち）の信仰は厚く、わけても竜宮神様《リューグチングワン》が大切に祭られていた。

戦争と占領

そして、第二次世界大戦。沖縄全土がそうであったように、瀬長島とその住人も過酷な体験を強いられた。

上原氏が子どもだったころ、干潮になると瀬長島は沖縄本島と陸続きになり、島民は歩いて渡っていたと言う。豊見城市に面する海、一帯が遠浅で、潮が引くと現在の那覇空港あたりから南は糸満港の近くまで全部砂浜になったそうだ。

この地形を利用して、現在の那覇空港の場所に飛行場を作ったのは日本軍だ。そのため、１９４３（昭和18）年ごろから瀬長島には兵隊が駐留し、住人も飛行場づくりに駆り出された。働き盛りの者は東南アジアに出稼ぎに行っていたから、島に残っていたのは年寄と子どもばかりだったという。30世帯２００人ほどが住んでいた。

「飛行場があったから、ここで戦争があった」と上原氏は嘆く。

瀬長島にも基地が作られ、防空濠が掘られた。いま瀬長島ホテルが建っている高台には大砲3門と発電機が据えられていたという。不幸中の幸いとしては、空爆の対象は那覇市と空港に限られていたそうで、瀬長島が空襲に遭うことはなかった。悪名高い「十《じゅう》・十《じゅう》空襲」では、那覇市の空が紅蓮《ぐれん》に染まるのをただ見ているしかなかったそうだ。

1945年に入ると、まもなく米軍が上陸するとされて瀬長島の住人は退去を命じられる。上原氏は母親や兄弟たちと沖縄中を逃げまどい、やがて隠れていたところを見つかって捕虜になった。上原氏が終戦を迎えたのは6歳の時だ。戦後、瀬長島の住民は島に戻ることを許されず、収容所から対岸の集落へと散って暮らす。

上原氏は言う。

「私たち瀬長区民は戦後、島を追われ、故郷を離れましたが、それでも、祖先の受けたご恩を忘れず、瀬長島に向けて新たに建立《こんりゅう》した拝所を通して、敬虔《けいけん》な気持ちで拝みたてまつっています。

瀬長島は先の大戦で焦土と化し、その上、軍用地になりました。米軍が海中道路を作るため島の岩山を破壊して、昔の面影もない無残な島になった。

瀬長区民は島に帰れないまま多くの苦難を乗り越え、幾多の変遷を経て、今の地に村

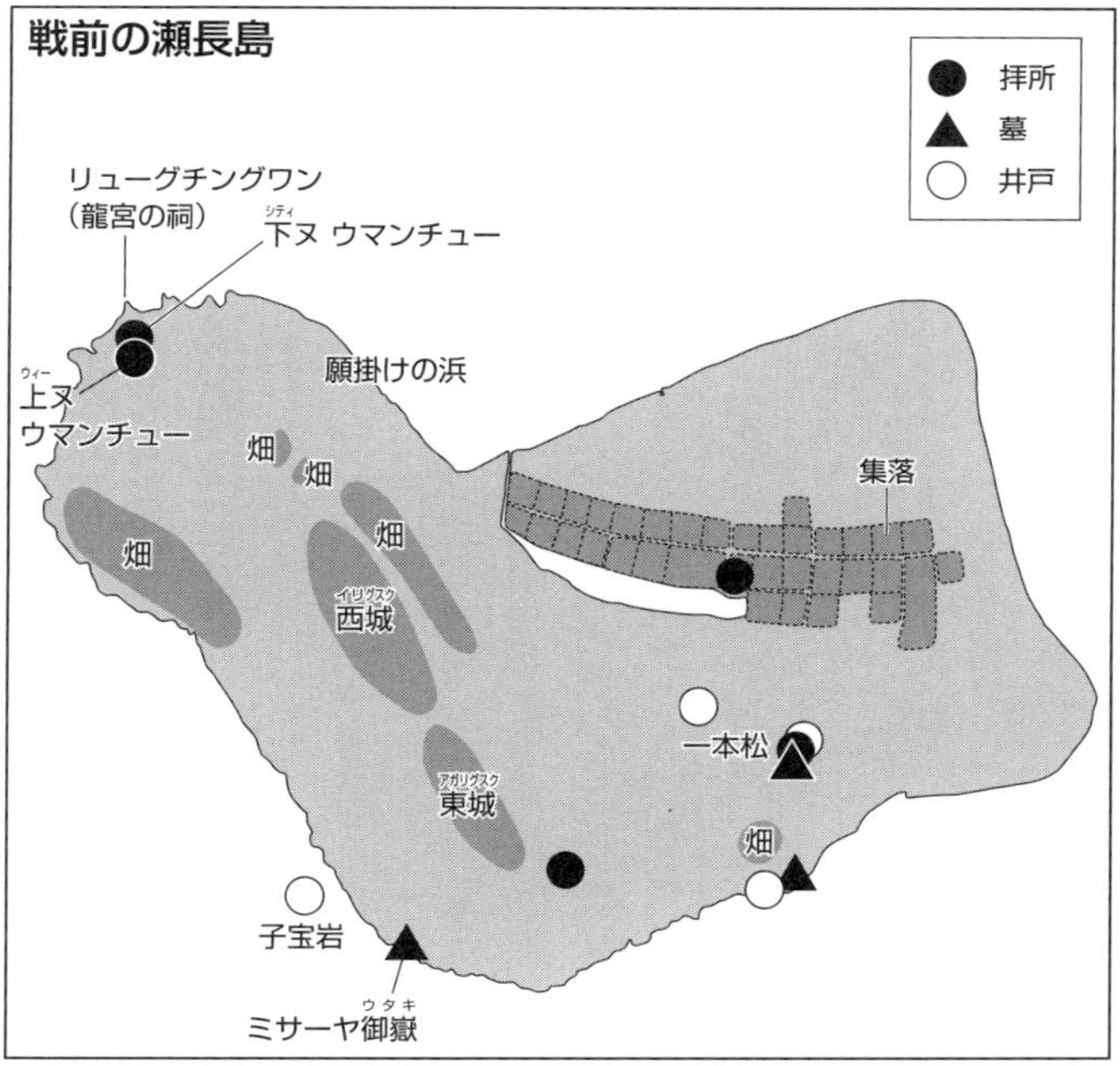
拝所
墓
井戸
リューグチングワン
（龍宮の祠）
下ヌ《シティ》 ウマンチュー
上ヌ《ウィー》
ウマンチュー
願掛けの浜
畑
畑
畑
畑
西城《イリグスク》
集落
一本松
東城《アガリグスク》
畑
子宝岩
ミサーヤ御嶽《ウタキ》

戦前の瀬長島

を作り住むことになりました。区民は200年以上も生活させていただいた瀬長島への深い想いと信心の気持ちを子孫に引き継ぎ、昔からの伝統や祭り、行事を今後も継続したいと思っています」

沖縄が米国となり、瀬長島に米軍が駐留するようになると、彼らはその辺りの海や海岸、畑の砂利をかき寄せて那覇空港や周辺の埋め立てに使った。瀬長島と本島を結ぶ海中道路を今の規模にまで整備したのも米軍である。そのために内海が深くなって、瀬長島と空港の間は現在、水深が3～5メートルある。すぐそこに見えるのに戻れない故郷は、海の形も山の形も変わり果ててしまった。

私はいつしか、そうした辛く重い、人々の経験、彼らが祀る龍神の島の悲劇を少しでも打ち消すことのできる活気を、この地に取り戻したいと考えるようになっていた。長く旅行業を営み、各地を歩いていながら、これは初めての感覚だった。

沖縄でなくとも、誰かの父祖の地に立ち入ろうとするならば、当然その地に寄せられる想いを受け止め、大切にしなくてはいけない。特に神の島にホテルを建てさせていただくのだ。地域創生、沖縄を沖縄らしく輝かせる開発モデルを作るためにも、伝統を受け継ぐ気構えは非常に大切なことだと肝に銘じた。

龍神に祈る

上原氏が言うように、実は市役所も瀬長島の入り口、海中道路の手前に神社を建てていた。上原氏によれば、瀬長島には、殿様の御嶽《うたき》（聖域）に匹敵する規模の御嶽があったのだが、その御嶽を含む複数の御嶽が合祀され、この神社に遷っていると言う。

市としては、整地もおぼつかない島の随所に散る拝所を維持するのではなく、管理しやすい陸地側で拝んでほしいというつもりでこの神社を建てたのだが、信仰の地はそうやすやすと差し替えられないようで、お年寄りを中心に皆、島に入って拝んでいる。

市役所が「ちゃんとやっているから大丈夫だよ」と言ってくれたのは、島の対岸に設けたこの新しい拝所があるから、という意味だったようだ。しかし、上原氏らの思いを聞き、実際に島を訪れる地元の方々を目《ま》のあたりにした私としては落ち着かない。

そこで個人的にご縁のあった京都の阿含宗に相談すると、沖縄は日本の中でもとても大切な地であるということで真摯に応じてくださった。瀬長島に来られていないにもかかわらず、「確かに沖縄の中でも、瀬長島はとても大事な場所ですね」と言われた。見たことはなくとも、「すごく大事な場所」で「神様がいる」ことがわかると言うのだ。

だから、温泉試掘前の地鎮祭からご僧侶に来ていただき、法要をしてもらった。地元の神社の神主さんにもお祓いをしていただいた。

その後に上原氏とお会いした際、実際に龍神伝説があるとうかがって、確信が持てた。ホテルの建設中には護摩《ごま》を焚いてもらい、完成と同時に、玄関先に祠を作った。やはり法要をしていただき、龍神様に祠へとお遷りいただく。その旨《むね》は銘板に刻み、祠の脇に設置した。今もその祠をわざわざお参りくださる地元の方が少なくない。

温泉の試掘、採掘、ホテルの地鎮祭と法要を重ね、いよいよホテルが完成した際も、ロビーで阿含宗のご僧侶に護摩法要をしていただいた。そうした折々の加持祈祷《かじきとう》の席には、前市長や多くの地元の方々も参加してくださった。この開発に向ける地元の期待を率直に示してくださったものと感謝している。

ホテルは土地に根を張る樹木

このように、私にしては丁寧にことを運ぶことができた理由は、ひとえに上原氏の薫陶よろしきを得たことにある。

ホテルの玄関先に祠をつくり、龍神様にお遷りいただいた

氏との出会いは2008年だった。市から提案に対する許諾をもらい、さて具体的にはどんなアクティビティが瀬長島で可能かと考えて、そこから1キロくらいのところにもっと小さな、岩の塊と言ってもいい島が見えるのに気が付いた。その、岡波島《おかはじま》という無人島をホテルに宿泊する人のマリンスポーツの拠点にできないだろうかと思いつき、「誰か、地元の船を出してもらえませんか?」と頼んだ。その時、ご自分の船を出して私を連れて行ってくれたのがご縁の始まりである。

氏に寄せられる地元の方々の信望は非常に篤い。よそ者のやることであっても、上原氏が納得してくれれば必ずや他の皆さんもご理解くださるという存在だ。一連の法要や祠づくりに対しては、その彼をして、「ここまでちゃんとするところはない」と言ってもらえた。それをもって私たちの計画を全面的に応援すると言ってくださったことは、今も心強い支えとなっている。

上原氏に直接、お話をうかがおう。

「リゾートホテルが来るという噂を聞いた時は、『大賛成だ』と思いました。昔のままの美しい姿が戻ることはないですが、開発のやり方によっては美しく甦ることもできるだろうと考えて、期待したのです。

米軍から返還されたとはいえ、瀬長島はいろいろな問題があって長いあいだ放置されていました。ゴミと犬と猫の捨て場……なんて、悲しい呼ばれ方をされてね」

場外馬券売り場やモーテルなど、奇天烈《きてれつ》な開発提案の数々は、地域の実力者である上原氏の耳にも直接入っていた。

「本当にいろいろな話を聞きました。市がOKしてしまえば仕方ない話ではあるのですが、私自身は問われれば、『地域に悪影響を与える話には協力できません』と返事していました。

そんな提案は、島を知らない本土の人がしてくることが多かったですね」

なぜか。瀬長島は聖地なので、地元の人はそこに下手な施設を作ることなど、いや、建築機器を入れることすら怖がっていたのだという。さすがに地元でも祟りなど信じていない人が多くなっていると思われるが、地縁・血縁の濃いこの土地で、神の地を変えてしまうのはなかなかの勇気が要る。

「だから本土の近藤社長が適任だったと思いますが、それにしても『すごい決断をされたなあ』と敬服したものです」と上原氏はおっしゃる。

氏はまた、馴染みのない阿含宗の僧侶を呼んでの地鎮祭についても「たいそう偉いお坊様を招いてくださって……」と、惜しみなく感謝してくださった。地域にとって、瀬長島とそこにおわす神様は心の支えだ。しかし大切なことは儀式を真似るのでなく、その気持ちをきちんと理解することだ、と、上原氏はいろいろな言い方で教えてくれた。

また、失われていた昔の御嶽や龍神の祠についても、記憶を頼りにおおよその場所を上原氏から教えていただいた。島の神様はいったん本土側の御嶽にお遷りいただいていたが、瀬長島にも神様にいていただく場所があったほうがいい。工事前にも「事故がないようちゃんと祈願したほうがいいですよ」と提言もいただいた。助言通りにお祓いをすると、とても喜んでくださった。

しかしそこまで評価してもらえると、私は内心、面映《おもは》ゆい気持ちになる。正直に言えば、瀬長島が神の島だと聞いた最初の感想は「また障害が出てきた……」だったからだ。

一向に下りてこない許認可。目途が立ったと思うたびに人災や天災で頓挫《とんざ》する資金繰り……。特に着工を目前とした2011年6月の融資拒否通知（85ページ）は堪《こた》えた。

「なんで、今ごろ地震で止められるの？　内諾を得ているじゃないか、じゃ、内諾って何やの？」と、だいぶ銀行にも文句を言った。そして龍神様だ。

沖縄では、地元感情を無視したせいで中止になった開発計画が多い。龍神伝説も、最初はそんな危険因子にしか映らなかった。本音の本音を言えば、これも勉強だと、無理矢理納得して法要の準備を始めたように思う。

しかし、そのうちに自分の中で受け止め方が変わってきた。許認可や資金繰りの話は経営問題だが、神様は人の心の問題だ。上原氏や地元の人々が法要に参加してくれた時の、そのすがすがしい笑顔に触れ、私もいつしか敬虔な気持ちになっていた。

一度は拒否された融資を再度許可してもらったのは、龍神様を招聘《しょうへい》させていただく許可を正式に頂戴して約1カ月後のことだった。

ホテルやそうした施設は、地域に密着して、そこで地元の人に愛され、生かされることでそこに根を張り、成長していくことができる。樹木と同じだ。

そして、その樹木が育つことで、生態系も活性化される。地域にも潤いを提供することができる。好循環が生まれる。それこそが地域創生であろうし、社会の公器たる企業のあるべき姿なのだろうと思えた。

地域を愛し、愛されないで、何が地域密着の企業か。そう思えたときに、いつしか龍神の神の存在をありがたいと思うようになった。守られていると思えるようにもなった。だから、その意味でも、上原氏はじめ地域の皆さんには本当に感謝している。

私たちはチャンプルーリゾートの思想を掲げ、新しいリゾートを、それこそ地元の人にも愛される村として開発したつもりだ。結果、温泉施設や新たに作ったウミカジテラスに、本当に多くの地元の方が訪れてくださっている。ある程度以上、成功したと思ってもいいのではないだろうか。これはひとえに、地域との共生なのだ。


瀬長島から北に向かう高速道路脇に、瀬長島ホテルの看板がかかっている。これの、いわゆる「掲出料」はゼロ円。温泉好きな夫婦がいらっしゃって、自らのマンションに看板を掛けてくれているのだ。お金は要らない、ただ週に2~3回、温泉に入らせてくれればいい、とおっしゃって。

繁華街に作るラッソ・シリーズとは全く違う手ごたえだ。瀬長島ではそんなふうに、地元に愛される施設を作れたのではないだろうか。この路線は、曲げることなく伸ばし

島の南西側海岸にあった子宝岩も、最近になって甦った

ていきたいと思っている。

その一環として、現在も瀬長島では毎月19日に法要を行い、年に2回は大祭として、京都の阿含宗僧侶に来ていただいて、法要を営んでいただいている。

また、島には戦前「子宝岩」と呼ばれる、地元でも有名なパワースポットがあった。大きな岩礁に二つの穴が開いており、石を投げて上の穴に入れば男の子、下の穴なら女の子に恵まれるといわれ、近隣の子どもがほしい人々が大勢集まっていたという。戦後の整備の中で壊されてしまったこの岩も、なるべく自然に近い形で市が再現してくれた。

この島が新しい祈りの地に育ってくれたらと願ってやまない。

なに、心配はしていない。

瀬長島ホテルの温泉を「龍神の湯」と名づけたのは、私の後を継いでＷＢＦリゾート沖縄の代表となった兼城社長だ。彼も沖縄の人間だから、私などよりも龍神様への想いは強い。これからも地元の人の、神を敬う心に寄り添ってくれるだろう。

第六章

いざ、上場

総仕上げとしての上場

ホワイト・ベアーファミリーの子会社として生まれたジオ、改めジオ沖縄、改めWBFリゾート沖縄であるが、「親」にもできなかった成長を今、遂げようとしている。上場である。「プロマーケット」という、ビジネスマンの皆さんでもまだ馴染みの薄い上場方法なので、詳しく経緯を説明しよう。

2013年春、瀬長島ホテルが開業して半年ほど経ったころだ。「碧《へき》」という沖縄のステーキレストラン・チェーンが上場したという新聞記事をたまたま見た。沖縄の、それもサービス業とは珍しい。興味を持って調べたら、東京プロマーケットという市場であるということがわかった。正直、初めて聞く市場だった。

それで新日本監査法人の知り合いの会計士に聞いてみたが、何と彼らも初耳だそうで、詳細を調べてくれた。やがて、「社長、これはおもしろそうだよ」という感想を添えながら、彼らは沖縄に籍を置く指定アドバイザー(後述)の「OKINAWA J-Adviser」を紹介してくれた。沖縄県の事業から生まれた半官半民の会社である。

ＯＫＩＮＡＷＡ Ｊ－Ａｄｖｉｓｅｒの髙山征嗣《たかやませいじ》代表とは、瀬長島ホテルで、13年3月4日にお会いした。その時は新日本監査法人の担当者に加え、東京証券取引所のプロマーケット担当の方もわざわざ瀬長島まで来訪し、同席してくださった。会食しながらいろいろとお話をうかがうと、皆さん異口同音に「ぜひ上場をご検討ください」と勧めてくる。

東京プロマーケットとはどのような市場か。

東京証券取引所が扱う市場の一つで、簡単に言うとプロ向け市場の位置付け。2008年に、ロンドン証券取引所のＡＩＭを参考にし、同取引所と東京証券取引所の共同出資で設立した「ＴＯＫＹＯ ＡＩＭ」がその前身となっている（その後、大阪証券取引所との統合を機に東京プロマーケットに名称変更）。取引所が認定するＪ－Ａｄｖｉｓｅｒとの契約が必要となるが、投資家をプロ投資家に限定することにより上場審査基準が緩和され、決算の四半期提示や内部統制が免除された。

つまり、「プロが投資するのだから、投資家判断における自己責任を徹底する」。その分、一般市場ほど企業にうるさいことは問いませんよ、という思想のようだ。上場も審査基準が緩和されているので既存のマーケットに比べれば簡単だと聞いた。

本社であるホワイト・ベアーファミリーが上場を追い求めてきたわけでは決してないが、30年以上頑張ってきて、それでも上場など、はるかに遠い世界の話だ。実は具体的に上場を狙った時期もあったのだが、ダメだった。旅行業界の独立系で上場を果たしているのはＨＩＳさんはじめ数社だけだ。

上場とは関係ないのかもしれないが、同じ時期にスキーツアーや学生ビジネスから旅行業を始めた会社は、わが社を除いてすべて消えてしまった。生き残り、業界ではそこそこの評判を得ているホワイト・ベアーファミリーで自己資本が5億から6億。こんなものかと少々がっかりする瞬間がある。

しかしＷＢＦリゾート沖縄の場合は、瀬長島ホテルのおかげで地元の信頼も厚く、皆に応援されて比較的、簡単に上場ができるのだと教えられた。感無量でもあり、複雑な想いでもあった。なんだ、この差は？とさえ思った。

ホテル事業には不動産事業の一側面がある。建物を建てるには巨額の投資が必要になるわけだが、建てた建物や土地をファンドや不動産投資信託（ＲＥＩＴ《リート》）に売って、後はオペレーションで回すという仕組みを使うのだ。これだとホテルオーナーのリスクは少ない。

しかし、瀬長島ホテルの場合はそう簡単にはいかない。土地は豊見城市《とみぐすくし》のもので、私たちは30年の定期借地権を持っているに過ぎないからだ。借地料3000万円+入湯税を合せて、年間5000万〜6000万円を市に払っている身である。当時の私は、苦しい資金繰りのなか、何とかさらなる開発資金をウミカジテラスのために捻出《ねんしゅつ》したいと考えていた。

もちろん、売るとすれば上物《うわもの》を売るしかないわけだが、現実にはそれも難しい。価格的な条件が折り合わないだろうと思われるし、豊見城市との約束がある。先に紹介した前市長や現市長、上原氏らをはじめとする人間関係を裏切ることになるので売れないという意味もある。さまざまな意味で、瀬長島ホテルは売れない。

勇んでホテルを売りたいわけではもちろんないが、いついかなるときも孤軍奮闘で逃げ道がないというのも精神衛生上、よろしくないのは確かだ。たとえばウミカジテラスの第2期工事をするにも資金が必要になる。頼りは間接金融だが、あまり借金ばかりだと、銀行からは当然、嫌がられる。第三者割当で投資家を募るという方法もあるが、そのさじ加減も簡単ではない。

考えてみれば、瀬長島を「チャンプルーリゾート」と位置付けたときから、すでに一般的な不動産マネー運用は自ら禁じ手にしていたわけだ。地元の人に喜んでもらうのが使命。その流れから考えれば、もはや自分一人の事業ではなく、自社一社の財産ではない。ならば上場して知名度を上げ、周囲の理解を含め、できれば資金の動きも潤滑にし、さらに地元のためになるのが一番いいと心が動いた。誰かに説得されたというわけではなくて、上場という意外な変身方法があるなら、それもいいかと思えてきた。ＷＢＦリゾート沖縄は沖縄に育ててもらった会社なので、上場して、沖縄に根を張ろうと思ったわけだ。

もっとも当時から今に至るまで、東京プロマーケットで株を売って資金調達をしようとは思っていない。あくまでも会社の信用力を増すための上場だ。信用されれば資金はついてくるだろう。

さらに言うなら、上場企業が少ない沖縄の経済界に、少しでもいい刺激を加えられたらと思った。東京プロマーケットには、まだ観光業で上場した会社がないという事実もまた、少しだけ私の背中を押した。ちなみに２０１５年秋現在で同市場の上場企業は13

社あるが、観光業はまだわが社だけである。

親子関係を解消、経営も譲る

もっとも実際にトライしてみると、上場という形でわが社のありようをさらすのは、プロ投資家相手といえどもさほど楽ではなかった。確かに決算は半期に一度でいいが、それ以外は一般市場とそれほどの差を感じない。内部統制の監査はないといっても、監査があるのとほとんど同じレベルの引き締めが求められる。なるほど確かに利益基準はゆるく、赤字でも上場できることになっているが、よくよく聞くと、実際に赤字の場合は「来期は確実によくなる」といった成長性が見込まれない限り、実際には上場が難しいと言う。監査法人の行う監査のレベルもほとんど他の上場と同じだと思える。

２０１５年11月には上場すると決め、スケジュールに沿ってさまざまな準備を始めた。その中で、いろいろなことを言われた。利益を出せ、借金を返せ、資本関係を整理しろ、そして、社長を交代しろ……。

まず、「子会社のままだと上場は難しい」と言われたため、組織を変更する必要があった。ＷＢＦリゾート沖縄株式会社は株式会社ホワイト・ベアーファミリーの１００％子会社だったから、この資本関係を解消しなくてはならない。そこで、親会社が所有する株式を１００％、近藤個人に譲渡した（ちなみにこの時、同じくホワイト・ベアーファミリーの子会社であった北海道のＷＢＦリゾート株式会社の株も、１００％、近藤名義とした。後述する理由で中止したが、一度は同時上場も考えたからだ）。

さらに、私に経営権があってもいけないと言うので、代表を兼城に譲った。

「利益を出せ」……これには苦労した。第三章でも紹介したが、ＷＢＦリゾート沖縄の1年目決算の数字はひどかった。瀬長島ホテルにお客が来なかったのだから仕方がない。2億円を超える赤字となった。ただ、１年目の終わりに月次で黒字に転換した。２年目は減価償却後の数字でほぼプラスマイナスゼロまで戻した。

そして3年目、２０１５年3月期の決算では、年間売上がおよそ18億円。半分弱が瀬長島ホテルのものだった。そこでラッソ松山を売却した（30ページ参照）。それで何とか、全体で税引き前利益1億円を達成することができた。これでようやく「利益を出せ」の条件をクリアし、上場が現実味を帯びた。

次の課題は、本社からの貸付金だ。親子の関係を断つ以上、こうした貸付金も認められない。だから本社に返却しなければいけないのだが、もちろん、そんな資金はＷＢＦリゾート沖縄にはない。

仕方がないのでメインバンクに相談した。すると、以前は「瀬長島のビジネスに投資するならば手を引く」とまで言った三菱東京ＵＦＪ銀行が、上場を前にこの貸付金６億円の肩代わりをしてくれたのだ。ありがたいことである。

さて、ここまでが上場に関して直接私が言いたいことなのだが、読者の皆さんの後学のため、さらに髙山代表のお話を聞いてみよう。東京プロマーケットと沖縄の上場事情、さらに、ＷＢＦリゾート沖縄という会社を彼がどう見ているのかについて今回新たにうかがったので、ここで紹介したい。

東京プロマーケット

髙山氏は、コンサルタント業務を通じて沖縄に縁ができてから20年になる。沖縄に上場企業が少ないことを憂いて、沖縄の金融特区で金融市場を作る、上場できるような企業を金融支援で作るといった、県の政策を手伝ってきた人だ。たとえば県内企業の集まりに参加して「上場はこうする」「一般的に市場に出られるビジネスモデルはこうやって作る」「事業計画はこうやって作る」「資本政策はこうする」といった勉強会を開くなどの活動をずっと続けてこられた。

そうこうするうちに沖縄県庁から「沖縄県に来て、県の産業振興をやってもらえないか」と声が掛かかったそうだ。それで前々職を辞めて沖縄に来て、沖縄県産業振興公社という県の外郭団体に入った。

「もともと私は資本市場を活用するような仕事をやっていたので、昔から沖縄県にアジアの証券市場みたいな場を作れないかという構想を持っていました。取引所というのはバーチャルなものなので、どこにあっても差し支えないわけです。

今の日本の証券市場にはない機能を有する市場を沖縄県に作りたかった。その機能とは、『広いエリアから資金を調達する仕組み』と『企業の自由度を損なわない上場モデルを作る』ことです。現在の一般市場は非常に大勢の株主さんが入ってきて激しく株を放出するので、外圧が強いというか、結果的に株主のバイアスが強くなりすぎます。企業運営の自由度が邪魔される部分がある。個人の株主が毎日売り買いするために、株価が乱高下《らんこうげ》します。その値段に一喜一憂していると、本来の大胆な経営ができなくなりますよね。そうはならない形で海外の資金を集めてこられるような、クロスボーダー取引ができる環境を沖縄県に作れないか、と、ずっと考えていました」

そんなときにちょうどＴＯＫＹＯ ＡＩＭという市場が登場した。これは自分が構想していたものと近い考えだと思い、２００９年に沖縄産業振興公社と当時のＴＯＫＹＯ ＡＩＭ取引所が業務提携を結んだのが、ＯＫＩＮＡＷＡ Ｊ－Ａｄｖｉｓｅｒの始まりだそうだ。

「沖縄に新しい産業をと願って動く半面、やはり沖縄の基幹産業は観光です。沖縄県から初の上場企業となった碧や、今回のＷＢＦリゾート沖縄など、本来、県をずっと引っ張ってきた基幹産業に、もっと開かれた市場を使ってほしい。それによって信用力が高まるなど、さまざまな形で事業運営がしやすくなり、その結果少しでも沖縄全体の産業振興につながればいいなと思っています」

確かに、最初にお会いしたときからそうした熱意を語ってくれた。それで、「では、そういう市場を活用してみようか」と決めたことを懐かしく思い出す。

東京プロマーケットに上場することのメリットについても改めて聞いた。

「まずは『一般的な上場のメリット』があります。

一般市場は今、最盛期に比べて1割ほど上場社数が減っています。その理由はコストが掛かりすぎて、それに見合う上場メリットが見出せなくなったから。そのせいで証券市場離れが進んできた。内部統制や四半期決算にコストが掛かるんですね。さらに言えば、上場した途端に個人株主が権利をかざしていろいろとムチャなことを言ってくる。当然、株主にも正当な言い分はあるわけですが、一方で、『それは本当に正当なのか』と感じる意見も散見されます。それで苦労している上場企業を見てしまうと未上場の企業は、力があっても『そこまでしなければいけないのなら、一般市場で上場してもあまりメリットは感じないよね』と判断するわけです」

思わず膝を打つ思いだった。そうそう。それが邪魔臭いので、私はホワイト・ベアーファミリーの上場に拘泥しなかったのだ。そもそも企業は信用さえあれば、資金は株以外で調達できる。そう言うと、今度は髙山氏がわが意を得たりという顔をした。

「そうした理由もあって、現在、日本にある企業のわずか0・008%しか取引所を利用していないのです。『上場したい』という会社はもちろんいまだに多く存在しますが、『一般市場だったら上場したくない』という会社がすごく多い。

とは言え、上場するメリットは確かにあるのです。きちんとした信用力のもとに市場へリスティングすることによって、会社が私企業から公《おおやけ》の企業になる。経営が透明化され、情報開示もきちんとできるようになります。そういう環境を作りたいと思われている経営者はいっぱいいます。

プロマーケットならばそうしたメリットを得られ、一方で一般市場にある煩わしさからは解放される。『そういう市場であればぜひ上場したい』と考えている企業さんがものすごく多いことに、これまで業界関係者は目を向けなかったのだと思います」

確かに、会計士でさえ東京プロマーケットの存在を知らなかった。なぜそれほどマイナーな存在だったのか。

「証券会社と個人投資家の声が大きすぎたからです。彼らにとって東京プロマーケットはおもしろくない市場だから『あんな市場に上場しても仕方ないよ』『使いものにならない』と喧伝《けんでん》してきました。だから、ＡＩＭから数えて7年経っても東京プロマーケットは大きく育ってこなかった。でも『誰にとって』使いものにならない市場なのかといえば、大手証券会社と個人投資家にとってだけなのです。そもそも市場参加資格を有していない個人投資家がそんなふうに言ったって、『それはそうでしょうね』という話なのです」

髙山氏によると、そうした個人投資家らの声があまりにも大きくて、プロマーケットはこれまで少しネガティブな印象で語られてきた部分があるのだという。しかし、私が問い合わせを入れた2013年ころになって「いや、ウチはこのモデルがいい」と認める企業が増えてきて、全体の上場数も増えた。「やっとこの市場の活用の仕方が認められてきたと思っています」と髙山氏はほほえむ。

「上場モデルはいろいろあっていいと思います。一般市場のように個人投資家がたくさんいるところに出ていき、資本を広く集めて大きく事業を動かしたい企業もあれば、そうでない上場モデルを作りたい企業もたくさんあります。これは単に選択肢の問題であって、どちらかが一方を否定すべき話ではありません」

東京プロマーケットで上場するメリットは、信用力の向上や広報事業の推進。情報を開示することによって新たなビジネスチャンスが生まれる点が、最大のメリットなのだと感じた。出会いが多くなる。これは楽しそうだ。

また最初に話を聞いて、最も私の心に刻まれたのは、「株を売り出さなくてもいい」という言葉だった。最初はわが耳を疑った。確かに、それなら個人投資家対策をする必要もない。証券会社に手数料を払う必要もない。手間とコストを掛けて直接金融をするのであれば、金利何%かで間接金融をしたほうがいい。だからこの市場を選んだのは確かだ。

「一般市場で上場すると、必ずIPO（新規株公開）をやらなければならないルールがあります。新株を発行しないと売り出しもできないからです。ところがプロマーケットでは上場時、それが必須じゃない。そこは柔軟で、結果的に株を外に出さなければ、M&Aのリスクも一切ありません。そういうことができる市場なのです」

まだまだこれからの市場だが、経営者にとって夢のある舞台なのではないだろうか。

OKINAWA型上場モデル

先述したように、髙山氏の会社は「指定アドバイザー」という立場でWBFリゾート沖縄の上場を果たそうとしてくれている。

企業が上場するにあたっての適格性調査、つまり審査をすべて行うのが指定アドバイザーだ。東京プロマーケットに上場するときは、指定されているＪアドバイザーの１社と必ず契約する。そのアドバイザーが上場までのプロセスの統括とデューデリジェンス、いわゆる網羅的な適格性の審査を行う。

上場した後も指定アドバイザーには、その企業が上場企業としての責務を全うできる体制を維持・継続できているかをずっとモニタリングする使命がある。こうした制度を用いることで、東京プロマーケットでは従来の証券取引所が行っていた上場審査をＪアドバイザーが行うことになり、引き受け行為が発生しないために主幹事証券会社が不要となる。

そう、身元引受人のようなものだ。

「たとえば、一般市場の場合は上場した後、企業が情報開示する必要があります。企業が直接、東証のＴＤｎｅｔに登録してデータを開示するのですが、プロマーケットは違います。会社に開示すべき情報があった場合、いったん私たち指定アドバイザーが受け取り、会社の代わりにＴＤｎｅｔに提出するのです。上場した後も、企業と指定アドバイザーが完全な二人三脚で上場企業としての責務を果たすという仕組みです」

プロマーケットの参考にしたロンドン証券取引所では、この指定アドバイザーの位置に「NOMAD」と呼ばれる組織がある。NOMADのメンバーはほとんどがコンサルティングファームだが、現在全国に8社ある認定J－Adviserは、うち7社までが野村證券や大和証券など証券会社だ。高山氏率いる「OKINAWA J－Adviser」だけが非証券なのだという。それしか引き受け手がなかったからだ。しかし高山氏が分析したように、大手証券が立場上この市場に協力しても、ビジネスモデル的に合わなかった。だから結果として積極的にかかわらなくなった。ゆえに東京プロマーケット市場は最初、つまずいたのだと氏は嘆く。

高山氏がご自分の会社、OKINAWA J－Adviserで描こうとしているビジネスモデルは、沖縄でプロトタイプを作り、それを全国に広げることだという。

「社名にOKINAWAとついていますが、我々は全国の企業を対象としています。実は私たちが『OKINAWA型上場モデル』と名付けた上場モデルがあって、それを全国各地の企業に広げようとしているのです」

このモデルの定義は「資本市場を活用した地域完結型の産業振興モデル」という。上場する企業に地元の証券会社と銀行、さらに監査法人を合わせて、そこに対して地元の投資家の方々が特定投資家として口座を開き、地元の企業の株を買って地域で育てていく・応援していく仕組みづくりだ。まさに地産地消、地域創生と相性がいい進め方だと言える。

「たとえば碧さんがそうでした。地場のおきなわ証券が口座開設業務を行い、それに対して琉球銀行や沖縄銀行、そのほか地元の銀行が投資資金や運転資金を融資しました。上場によって取引枠が拡大しましたし、取引条件も改善された。それが狙いです。地場の証券と地元のコンテンツがしっかりとプラットフォームを作って、審査だけは半官半民の、我々のような組織を使ってもらえればいい。

各地にそうしたプラットフォームができれば、今度はそのプラットフォームを横連携でつなぎます。そうすれば以前、沖縄でやろうとしていたクロスボーダーな取引、アジアからお金をアクセプトできるような――『アジア金融情報センター構想』と呼んでいますが――そういったプラットフォームを形成することもできる。そうなれば、もう東京を経由する必要はない。ローカルからダイレクトに、アジアに進出できるようになります」

　こうしたモデルを推進するのに適した企業は、第一に「高い成長率」があって、「アジアに向けて、海外に展開したい」企業だと言う。第二には、地域の中にあって成長性はあまりないものの、低位安定型で地元になくてはならない企業。地元でしっかり雇用と納税を果たしている、地元の中小の優良企業だと高山氏は説明する。「こういった方々が市場を活用することによって開かれた企業になり、事業承継を促進する形で次の世代にバトンタッチしていく」、そんな目的にもこの枠組みは力を発揮する。

「そうした企業は、一般市場ではやりづらいモデルです。一般市場でやれる企業なら一般市場でやればいいし、それができない企業が入ることにこの市場の意味があると思っています」

　そんなことを聞くと、わがＷＢＦリゾート沖縄はどうなのか気になる。つい聞いてしまった。

「ＷＢＦリゾート沖縄さんは、先に挙げた『地域完結型の産業振興モデル』メンバーの条件に見事に合致しています。

まず、沖縄において事業をどんどん拡大させていて、高い成長性がある。従来の沖縄観光シーンにはなかったウミカジテラスのような新しい業態にどんどん出資していく、アグレッシブな姿勢がある。

さらに、アジアの方々に向けたビジネスをきっちりと意識し、インバウンド（外国人観光客）の受け入れに積極的です。そして沖縄で雇用・納税をしっかり果たし、沖縄の産業振興に大きく寄与してくれている。特筆すべきは、豊見城市という行政と一緒になって再開発を行っていることで、その点だけでも沖縄の産業振興には欠かせない貢献をしてくれている企業と言えます」

最初に話をした時、特に髙山氏が「おもしろい！」と言ってくれた点は、瀬長島を舞台に選んだことだった。正直、あんなに小さな島がそれほど有名だとは思っていなかったので意外だった。しかし髙山氏は言う。

「沖縄において瀬長島は『誰もが開発したいと思った島』だったんです。空港や那覇市に近い、すごくいい立地ですから、皆がどうにかしてあそこを開発したいと思っていながら、なかなかそれができなかった。それを唯一、実現されたことを私はまず『すごい』と感じました。

しかも、そこにただホテルを建てるだけでなく、ウミカジテラスのような新しい施設を複合的に作る独創性も賞賛に値します。これが私の中で大きかった。だって今まで、あのようなホテル・温泉・ショッピングモールが一緒になった施設は沖縄になかったですから」

沖縄は意外と夜が長い。夜中までみんな飲んでいるし、朝まで開いている飲み屋も多いが、実は「そういうお店」しかない。健全で、みんながワイワイやれるような、夜まで開いている普通の飲食店は現実としてそう多くない。夜に遊べる観光施設はほぼ皆無だった。「そんな中で今回作られるウミカジテラスは、沖縄が持っていなかった夜の観光、それもお子さん連れで行ける観光地です！」と髙山氏は絶賛してくれた。

「アジアの観光地はどこも、ナイトマーケットがすごく活発じゃないですか。老若男女が集まって、楽しそうにしています。私は昔からああいうナイトマーケットみたいな空間があればいいと思っていました。これまでは国際通りがそこそこ遅くまでやっている程度で、そこも、人がバラバラ歩いているだけ。これといった観光施設ではなかった。私は近藤社長からウミカジテラスの構想を聞いたとき、『まさに沖縄になかったものだし、沖縄に絶対ほしい空間だ』と確信しました」

そう言われてみると、最初にお会いした時の髙山氏は、東京プロマーケットの話をするより、ウミカジテラスの話を聞いてばかりだった記憶がある……。

「地元から期待される」。これこそまさにチャンプルーリゾートの真骨頂《しんこっちょう》だ。子会社を独立させて、自らも社長を辞してはじめて、沖縄の役に立つ会社ができそうだった。「身を捨ててこそ、浮かぶ瀬もある」とは、本当にうまいことを言うと思った。

２０１５年9月上旬、髙山氏から連絡が入った。さまざまな審査が終わり、ＷＢＦリゾート沖縄が東京プロマーケットに上場することが内定したという知らせだ。

金城前市長も、上場のニュースを聞いて非常に喜んでくれた。

「沖縄では初めてだとか」と聞かれたので、

「観光業では初めてです」とお答えすると

「すごいですね！　沖縄は観光立国などと言っているのに、上場は初めてなのですね」

「２００７年、市にプレゼンしたときに、瀬長島を、沖縄を代表する観光地にすると約束しましたよね。その約束を果たさなくてはいけないと思っています」

2015年８月１日にオープンなった「ウミカジテラス」（撮影：加藤アラタ）

「もう半分果たしているようなものですよ。ホテルのオープンのときはもう新しい市長に代わっていましたけども、どんどん話が進み、ホテルが形になっていくのを私は市長として見ることができた。非常に嬉しかったです」

そう祝福してくれた。こちらこそ嬉しかった。

ホワイト・ベアーファミリーは市場経済の枠の中にどっぷりと浸かる一企業に過ぎない。効率性をますます重視していかなければいけない宿命だ。しかしＷＢＦリゾート沖縄は、ゆるやかな意味でＷＢＦグループの一員ではあるものの、そこから資本関係の面などで切り離され、いい意味で「沖縄タイム」に絡め取られた地元企業となっていくのだろう。そうやって地域創生に一役買えるとすればそれは本望だ。私の妄想が結実していった先としては、上等すぎる着地点といえよう。

学生時代のスキーツアーから始まった、「皆を喜ばせたい」「楽しませたい」というＷＢＦイズムは、そうやって受け継がれていく。ＷＢＦリゾート沖縄でそれが沖縄らしい姿で開花するのであれば、沖縄旅行とともに半生を暮らした者として幸せなことだ。

第七章

今、旅行業界がやらねばならないこと

新世代の頑張り

言うまでもなく、ＷＢＦは私たち全体のブランドだ。

ホワイト・ベアーファミリーが本社で、現在北海道にあるＷＢＦリゾートがホテル事業を受け持つ子会社。この会社はＷＢＦリゾート沖縄と同じように、本来は「ＷＢＦリゾート北海道」であるべきなのだが、長いので単にＷＢＦリゾートと命名した。ＷＢＦリゾート沖縄の親会社ではないかと勘違いする人もいるが、そもそもは兄弟会社である。

ここまで読んでいただいたように、ＷＢＦリゾート沖縄は上場によって資本およびガバナンスの意味ではグループから離れてしまった。が、なおイズム、哲学、理念を一にするグループ会社であることは間違いない。

そもそも、ジオからＷＢＦに名称をいわば統一しようと思ったのは、主に海外に向けてのブランド戦略である。今後の観光業を考えると、どうしても海外に目を向けなくてはいけない。そのためにはわかりやすいブランド力が必要だ。

瀬長島の開発にかかわったお陰で、たくさんのことに気付かされた。その中から生まれた一大構想の一つが、ホールディングカンパニー化だ。ＷＢＦリゾート沖縄の上場を体験していなければ、こんな発想は出てこなかっただろう。ブランド力の高め方も含めて、順を追って説明したい。

私が実際にWBFリゾート沖縄の社長でなくなったのは2014年の10月だった。社長交代の必要があると知った瞬間から、ナンバー2である兼城賢成への禅譲《ぜんじょう》は私の中では規定路線だった。ただ、上場に向けて圧倒的に時間が足りない。だから電話で「兼城くん、次の社長を頼むな」と告げた。彼はびっくりしたようだった。焦った声で、電話では何だから一度会いたいと言う。

「それも、上場するのでしょう?　上場会社の社長なんてとんでもない」

確かに当時、沖縄に上場企業はひと桁しかなかった。具体的にWBFリゾート沖縄は7番目の上場を目指そうとしていたので、兼城としては臆する部分があったのかもしれない。私は、「ええやんか、別に」と答えた。偽らざる心境だった。

私はこの少し前に失敗をしていた。1週間ほど沖縄にいたくせに、その間は違う用事にかまけて、兼城に社長就任の打診をしていなかったのだ。それがよくなかった。後で聞いたら、その時に話がなかったので、「(新社長は)自分ではないな」と思ったようだ。

実は私には息子がいて、実際、今回の新体制では兼城社長の下について役員をさせている。だから兼城は、会社のためには息子が継ぐのがいいだろうと考えていたようだ。逆にそれを聞いて驚いた。私にはその考えは全くなかった。息子が大事でないとは言わないが、沖縄の企業の社長は、地元のうちなんちゅうでなければいけない。どう考えても兼城が社長に適任だった。

結局、電話の翌々日であったか、兼城は札幌に出張中の私を訪ねて北の地にやってきた。膝を突き合わせて、2時間ほど話をしただろうか。

「沖縄法人のナンバー2という立場で2年も3年もやってきているのだから、お前しかいないよ」と言った。その他のやり取りはあまり覚えていない。

兼城はいたずらに固辞したり、不安材料を並べ立てたりは一切しなかった。彼も覚悟を決めていた。社長になるという覚悟はもともとあって、それでも電話1本では気持ちの持って行き場がなかったのだろうと思う。

話し合いがついたので、高山氏や監査法人にそのことを告げ、さらに金融機関などに対外的なレターを出した。すると、兼城社長宛てに大量に花が届き始めた。「社長就任おめでとう」と書いてある。

それを観ると、正直、ちょっとだけ寂しい想いをした。株主である私は会長に就任するのもNGだそうで、一応「顧問」の名刺を持たせてもらっている。だから今、私はWBFリゾート沖縄の顧問であり、100％株主だ。上場しても積極的にこの株を売るつもりはないが、この勢いある会社で陣頭指揮を執るのは、もう私ではないのだ。

さて、そうしてWBFリゾート沖縄は新体制になった。経理面に明るい人間がいなかったので、そうした勉強をしていた息子の近藤雅之が経理担当の取締役に就任した。もう一人、レンタカー事業部の大城友和氏が取締役となった。

そうしたらこの会社、がぜん頑張り始めたので驚いた。もちろん皆、今までも頑張ってくれていたのだが、さらに頑張った。2014年の年末ごろ、15年（平成27年度）3月末の決算に向けて上げてきた数字を見ると、私が予想していた当期末の利益に比べて5000万円近く上回る利益を計上していたのだ。それこそ、OKINAWA J－Adviserの立てた収益力目標や財務諸表も二重丸でクリアする成績だった。「こんなに頑張るのか。してみると、私はやっぱり社長ではないほうがいいのかもしれない」と思ったほどだ。

ホールディング化で後進を育てる

もちろん、この話の趣旨は、「置いていかれたようで悲しかった」などというものではない。この経験が新たな動きを呼んだのである。兼城たちの頑張りについて、WBFリゾート沖縄の税務顧問をしてくれている公認会計士の佐藤先生と話していると、佐藤氏が、「社長、だったらホールディングカンパニーにすべきだよ」と言い出した。

思わず「なぜ?」と聞き返した。

「今後はますます社長になる人材が足りなくなる。だから、社長を育成するモデルが必要なんだよ」と言う。

なるほど、と思った。社長を育てるには、社長としてOJTさせるのが一番いい。コミットが強まるから、誰よりも頑張る。それを担保するためにはホールディングカンパニーが最適だと合点が行った。

ふと自分のことを振り返ってみた。30年以上にわたり社長をやってきて、一番、苦労してきたこと、嫌で仕方ないことは何か。それは資金繰りだ。資金繰りで夜も眠られなかったことが多々あった。一人で涙を流し、落ち込んだこともあった。

次に嫌なことは何かというと、私の場合は人事労務だった。休みがどうの、賃金がどうの、有給休暇はどうの……人事制度などのルール作りが苦手だった。

それを思い出して、考えた。そうか！　その二つの機能を、それこそホールディングカンパニーが引き受ければ、各事業会社の代表は戦略立案と営業活動など「事業そのもの」に特化、集中できることになる。そうなれば社長のなり手も増え、実際にその椅子に座って切磋琢磨することで、一人前の経営者が次々と育つはずだ。それぞれが各事業会社の代表取締役社長であるのだが、ある意味では執行役員のような存在だと思えば、イメージに近いと思う。

そうしようと思った。私ももうすぐ60歳になる。性格的には、現場でずっと旗を振っていたいタイプなのだが、ホワイト・ベアーファミリーの組織のためにはそうするほうがいいと自分を納得させた。

ホールディングカンパニーを作ったら、沖縄以外はすべてホールディングカンパニーが株式を所有するようにするつもりだ。私の株を売却すればいい。２０１６年の3月までには目途をつけようと考えている。

なぜ南北同時上場を断念したのか

先にも少し触れたが、ＷＢＦリゾート沖縄の上場に際しては北海道のＷＢＦリゾート株式会社の株も近藤個人に移していた。いったんは「南北同時に上場」というシナリオを真剣に考えたからだ。指定アドバイザーの高山氏もその考えに賛成してくれた。

そこにホールディング構想が浮上して、その考えをしばし封印することにした。資金調達が少し心配だからだ。

ここまでにも説明してきたように、上場をするためには、親会社などからの借り入れを返済しなければいけなくなる。親会社や私の担保提供も、債務保証もできなくなる。

上場までは何とかできても、その後、さらなる投資をするなど資金が必要になった際に、グループ企業が資金を提供することができない。プロ投資家が集まっているという東京プロマーケットに上場して調達する気になったとしても、どの程度の資金が調達できるかは正直、未知数だ。あまり期待してはいけないと思っている。

聞くところによれば、ステーキレストランの碧《へき》さんは上場したことによって、新店舗のファイナンスを10億円程度されたらしい。それは非常に事業を有利にしたことだろう。ところが私たちWBFリゾート沖縄はすでに、沖縄の銀行などから25億借りてしまっているので、自己資本比率がとても少ない。過少資本の会社に金融機関がお金を貸すかと言ったら、厳しいだろう。北海道の会社も同時にそうなってしまってはリスキーだ。世の中には「上場していなければ倒産しなかったのに」という会社がたくさんあるらしい。

つまり、小さな規模の会社であれば、上場することで資金調達がしやすくなるわけだが、ある程度の借り入れ実績があって、グループの中から切り出す形の独立となると、これは実際やりにくい。だから北海道のWBFリゾートは、とりあえず上場しないと方向転換した。そのほうが、ホールディングカンパニー構想とも相性がいい。沖縄と北海道、同じような事業で資本形態の異なる会社が、それぞれどのように動けるものなのか比較するのも興味深いと考えている。

爆発するインバウンド

ホールディングカンパニーになってから、われらWBFが力を入れるべきは、ずばりホテル事業であろう。旅行代理店の送客力と、瀬長島ホテルに代表される魅力的な現地のコンテンツを組み合わせる。結果的に、これに勝る戦い方はないはずだ。将来的には旅行事業とホテル事業が半々になるイメージだ。

第二章で私は、これからはメガサイトによるダイナミックパッケージが主流を占めると予測した。しかし、人はいきなりメガサイトの買い物かごで旅行を「買い物」するわけではない。

漠然と南の島や温泉に行きたいと思っていて、ぼやっとネットサーフィンをしている。するとバナー広告に目が留まる。魅力的な誘いがそこにある——そんな姿をやはり妄想する。瀬長島ホテルを一応、成功例と数えても、北と南合わせて10軒程度のビジネスホテルチェーンがあるだけでは、魅力的な誘いを生み出すことはできない。

また当然、インバウンド（外国人観光客の需要）にも対応する必要がある。いやむしろ、これがあるためにホテル事業に注力するのだといってもいい。

「最近、外国人観光客をよく見かけるな」と思っている方は多いと思う。われわれ旅行業者に言わせれば、多いどころではない、雪崩《なだれ》を打つ勢いなのだ。

たとえば２０１４年から15年へのわずか１年で、外国人観光客は１・５倍以上に増えている。15年には、その数は１９００万人になるといわれている。03年に政府が「ビジット・ジャパン・キャンペーン」を立ち上げた時の、当面の目標来日数が８００万人だったことを思い出せば、近年の加速ぶりがご想像いただけるだろう。

オリンピックや円安のせいだけではない。ここまで一気に海外からの観光客が増えた理由は、むしろ一点に絞られる。中国はじめアジア各国に対するビザ発給の規制が緩和されたからだ。

従来、中国人のお客様を日本で受け入れられる旅行会社になるには、国交省の認可を必要とした。不法滞在者対策である。ツアーから「脱出」して不法就労するお客様を出してしまったエージェントは、中国側の旅行会社であればライセンスを剥奪されるし、日本側も厳重注意を受ける。

要するに日本政府は２０１０年ごろまで、中国人に対して積極的にビザを発給しなかったのだ。発給には年収などの条件をクリアする必要があった。しかしアジア各国が中国人観光客誘致に力を入れるなか、国内の消費先細りに悩む日本政府は、訪日観光客のメイン層を成すであろう中国人の中流層に目を向けざるを得ず、その入国基準を大幅に緩和させた。緩和は中国だけでなく、たとえばＡＳＥＡＮ各国に対しても同様に行われた。

そうなれば、これまで日本に来られなかった外国人観光客が大挙して押し寄せる。近くにある素晴らしい国だから、一度でも来日してくれればリピートするようになるし、年を追うごとに訪れる人の数は増える。その結果として、外国人観光客は数年で８００万人から１９００万人に増えたのだ。

ホテルが足りない

それで何が起きたか？　ホテルが足りなくなった。

８００万人が１０００万人に増えたときは、ここまでホテルは取りにくくなかった。まだ余裕があったと思うのだが、１０００万人が１３００万人になると特に東京・大阪でホテルが全く取れなくなってしまった。

日本全国の主要都市で同様の現象が広まりつつあるが、状況がより悪いのは大阪だと思う。京都でもホテルが取れないが、大阪は本当に取れない。特に難波《なんば》。ぜひ試してみてほしいが、ホテルの予約が非常に困難になっている。難波で宿が取れず大阪全域で探してもダメで、県境を超えて和歌山、神戸、京都、奈良にまでホテル不足が広がりつつある。大阪のホテルの稼働率が東京よりも高いというのは異常事態だ。

沖縄の状況で言えば、日本国内の観光客だけで、すでにホテルが足りなくなっている。

２０１５年前半のデータを分析した結果だが、沖縄県の宿泊収容キャパは、離島まで入れてほぼ10万ベッド。この中には民宿やペンション、あるいは貸別荘も入っているので、いわゆるホテルとしての収容人員は約７万ベッドだ。

次に沖縄に来訪する観光客の数。15年７月１日時点で、沖縄県に入ってくる航空機の座席数は１日３万席ある。海外からが３０００席で、残りが日本国内からのもの。さらに県の観光課のアンケート結果を見ると、観光客の平均宿泊日数は３・２泊だった。

単純計算だが、夏季は飛行機が毎日満席になるとして、３万人×３・２日＝９万６０００人。これが夏の沖縄に毎日いる観光客の数ということになる。７万ベッドに対して９・６万人なので、明らかにベッド数が足りない。

これは旅行会社の実感値とも重なる。8月などは特にホテルの取り合いだ。飛行機はブッキングできても、宿が取れない。沖縄は島なので、大阪と違って周辺に逃げ場がない。だから沖縄で宿が取れないとその時点でツアー手配はお手上げになる。海外のお客様がまだ少ない段階でこれなのだ。将来の危機は推して知るべし。

ホワイト・ベアーファミリーの現地法人がある香港や上海の社長からも悲鳴が聞こえてくるようになった。「日本に行きたい中国人がこれだけたくさんいるのに、とにかく宿が取れない」「何とかしてほしい、部屋を確保してほしい」とよく言われる。こうした事態を前に、私たちは何をすべきかは明確だろう。観光業の強化は国策にもかなうことだ。外国人をスムーズに受け入れられるか否かは、日本にとって重要な岐路になると思う。グループとして、誇りを持って取り組みたい事業である。

ホテル事業、3本の柱

今後のWBFグループのホテル事業は、次の三つのブランドで進めていくつもりだ。

①ビジネスホテルチェーン（ラッソ）。特にインバウンドの受け皿として全国に展開。
②瀬長島ホテルをはじめとする、リゾートホテルなど高級ホテル。地元力を発信できる基地として考え、地域創生の一翼を担いたいと思う。
③カプセルホテル。もう一つのラッソとして、特に都心での宿泊需要を満たすもの。

第一章で紹介したのは主に①のラッソ・チェーンだったが、顧客のニーズに真摯であろうとすると、この形態だけではとても足りないと考えている。たとえば先のインバウンド増加に対するだけでも、ビジネスホテルチェーンとしては相当な数が必要であるし、そもそもそうしたニーズにはビジネスホテルではカウンターパートになれない。だから、ビジネスホテルチェーンだけではなく、ＷＢＦブランドを前面に出して勝負できるホテルをいくつも作っていく必要がある。当然、簡単な話ではないが、まずは右に掲げた三本柱を実現しようと考えている。

まずホテル事業は、２年後には今の10軒を20軒にしたい。５年後には50軒、そして10年以内に１００軒を目指す。そのくらいの規模にしないと旅行業とのシナジー効果、特に海外に向けてのグループのシナジー効果は出ない。韓国人や中国人に人気の宿泊特化型ホテルはチサンホテルやアパホテルだ。ビジネスモデルを真似るつもりはないが、あの規模感を参考にしたい。今の10軒が50軒、１００軒となれば、旅行業とのシナジーは極めて大きなものになると思う。

唯一のリゾートホテルを

②は現在の瀬長島ホテルだけでなく、地域のため、観光が日本に及ぼす経済力を高めるためにも、軒数を増やそうと思っている。

瀬長島ホテルは、わが社が一から建てた唯一のリゾートホテルだ（恩納村《おんなそん》のコンドミニアムはあったが、規模も何もかも異なるので、ここでは数に含めない）。温泉のイメージがまずわき、あちこちとぶつかりながら開業にこぎつけたのは、これまで読んでいただいた通り。当時は北海道と合わせ、すでにラッソ・ブランドを10軒ほど経営していたから、「ホテルだったら何とかなる」と甘く考えて始めたこともすでに述べた。

リゾートホテルは初めてだったが、オンリーワンにはこだわった自信がある。沖縄のほぼ全ホテルと取引関係にあるわが社があえてリゾートホテルを作るなら、彼らの市場を正面切って奪うものであってはならなかったからだ。

そこで改めて、沖縄における観光客の動線を考えてみた。沖縄でバカンスを楽しむというと、まず本島でいえば中部から北部の、恩納村や名護市などにプライベートビーチを有するリゾートホテルが人気だ。プールにテニスコート、レストランなど、ホテルの敷地から出なくても何日も楽しめる。それこそ昔、欧米人が東南アジアの植民地に作った、「西洋文明をそのままパッケージし、地元とは懸絶《けんぜつ》した空間」の踏襲である。次に人気なのは那覇市の国際通りなど、アジア的喧騒を楽しむための都市型ホテル。那覇市内にはすでにビジネスホテルが多数あり、出張族に限らず、沖縄ツアーの初日や最終日に市内観光を楽しむ人で賑わっている。

何度も説明している通り、瀬長島にビーチはない。温泉がある。空港の滑走路横に建っていて、景色はいい。大きな旅客機と青い海という、ちょっと他では見られない光景が楽しめる。しかし、泳げない。観光客や地元の人に、「そういう条件のホテルなんやけど……」と説明すると、誰もが「何、それ?」と首を傾げた。よくよく説明すれば「行ってみたい」と言ってはくれるのだが、那覇市に隣接しているといっても都市型ではなく、いわゆるリゾートホテルでもない、温泉ホテル——そんな存在に市場性があるか否かは全く不明だったが、少なくとも立地、コンセプト両面において「オンリーワン」の条件は満たしたことになる。

香港や上海の富裕層をリサーチすると、「日本に行ったら泊まってみたいホテル」は圧倒的に「星野リゾート」だ。同じ道を歩もうとは思わないが、インバウンドを考える際には、高級志向のブランドも必要なのだと思っている。私は瀬長島ホテルと、それに続く新しいリゾートホテルでそのニーズを追求したい。瀬長島ホテルと同じものを作るという意味ではない。それぞれの地域性とニーズを考え抜いて、魅力的なコンテンツを持った独自性の強いリゾートホテルを今後も生み出していきたいのだ。これは合理性を旨《むね》とするラッソ・ブランドのビジネスホテルチェーンとは一線を画す知的作業になる。

特に高級ホテルの場合、自社で土地から購入して建設するのは大変だ。だから、基本的にはオーナーに建ててもらって、その後、そのホテルを購入するか、あるいは運営を引き受けるというパターンを志向したい。そちらのほうが絶対にウィン・ウィンの結果をもたらすはずだ。

その場合のオーナーは、多くは地元の名士だろう。どんなホテルを建てるのがいいのか、私たちの持っているノウハウと知識を交えて話し合いをし、夢のあるホテルを1軒1軒建てていけるのが理想だと思っている。

新しい形のカプセルホテルも

宿泊特化型で、スケールメリットを最大に生かすラッソ・ブランド。一つひとつを丁寧に作り上げるリゾートホテル。急増する需要の受け皿としては両方が必要なのだと思う。が、まだやれることがある。ホワイト・ベアーファミリーでは、さらにもう一つのラインに着手している。カプセルホテルだ。

私たちホテル屋は、これまでカプセルホテル「なんぞ」認めてこなかった。サウナの付随施設で、酔っ払った親父たちが仮眠をするところだった。しかしカプセルホテルは、5年ほど前からそのイメージを変え始めている。宿泊特化型のものが出始めて、さらにお洒落なバージョンも生まれてきた。「ナインアワーズ」や「ファーストキャビン」などがそれだ。

ナインアワーズはデザインが洒落ていて1時間から利用可能。ファーストキャビンは「旅客機のファーストクラスをイメージ」して、狭いが豪華なコンパートメントで最近、施設数を飛躍的に伸ばしている。2000年代後半に続けて開業したこれら新型のカプセルホテルには、女性や外国人が躊躇《ちゅうちょ》なく泊まっている。外国人客のなかには、「これぞ日本の文化だ」と絶賛する人すらいる。

そんな状況を知って、がぜん興味がわいた。とにかく参入してみようと決めた。そういう性分なのである。

大阪は日本橋、黒門《くろもん》市場から徒歩2分のビルに、銀行が入居していた延床面積200坪ほどのスペースが区分所有で売りに出ていた。堺筋《さかいすじ》に面した1階だ。これはカプセルホテルにできるのではないかと、すぐに思いついた。そこを購入して設計図を引き、ナインアワーズを超えるデザイン性と話題性を有したカプセルホテルを作って、世に問おうと思っている。2016年初旬には営業を開始する予定だ。カプセルにしても200坪では100ベッドくらいにしかならないが、それでも100人の外国人旅行客を受け入れることができる。それだけでも日本の経済にとってはプラスではないだろうか。

ちなみに、先ほどのカプセルホテルから徒歩圏内に、ビジネスホテルを建てる予定もある。先にホテル不足だと説明した、難波である。ここは、これから日本観光の一つのキーになる場所だろう。

なぜならば、日本の空港で一番発着数に余力があるのが新関西国際空港（関空《かんくう》）だからだ。本書を執筆している２０１５年秋現在、オリックスを中心とした民間企業集団に運営権を譲渡する計画が進んでいるが、民間の手に渡れば発着料なども柔軟になることだろう。そうすると関空は、ＬＣＣが一番飛んできやすい空港になる。つまりは、アジアからのＬＣＣ乗り入れの一大拠点となるはずだ。そうして関空にやってくる外国人がさらに多くなれば、パンクするのは空港から30数分の繁華街・難波ということになる。今から武者震いするような心持ちだ。

北海道のＷＢＦブランド

このように、ホワイト・ベアーファミリーではホテル事業で多面展開を狙っているが、現在まさに稼働中の、もう一つの拠点である北海道の話を少ししておきたい。

沖縄で始めたラッソを北海道でも展開するために設立した会社が、これまで何度か触れてきたＷＢＦリゾート株式会社である。運営するホテルは7軒。札幌に3軒、旭川と釧路に1軒ずつで、函館に2軒。

特筆したいホテルはこのうち旭川と函館の2軒だ。

一つは、ホテルラッソグランデ旭川。２０１５年7月にオープンした。地域密着型のコミュニティホテルだ。オーナーは旭川通運。地元の有力企業が出資している運送会社である。

社長の窪田明規夫《くぼたあきお》氏から、旭川の発展のために駅前にホテルを作りたいと話があったのは13年のこと。

窪田氏は、グループ企業である「マルウン商事まるうんトラベル」に、インバウンド受け入れに精通した長野県飯山市の職員をスカウトするなど、旭川でインバウンド事業を振興するために尽力している。また旅行会社が縮小均衡を迎えた昨今、たとえば日本航空の支店が旭川から撤退した時はそのスタッフを引き受けた。旭川通運はそうした立派な企業グループであるわけだが、ただホテルの運営には長《た》けていない。そこで私たちに声が掛かったわけだ。旅行業からホテル事業まで、グループで取り組んでいる点を評価していただけた。

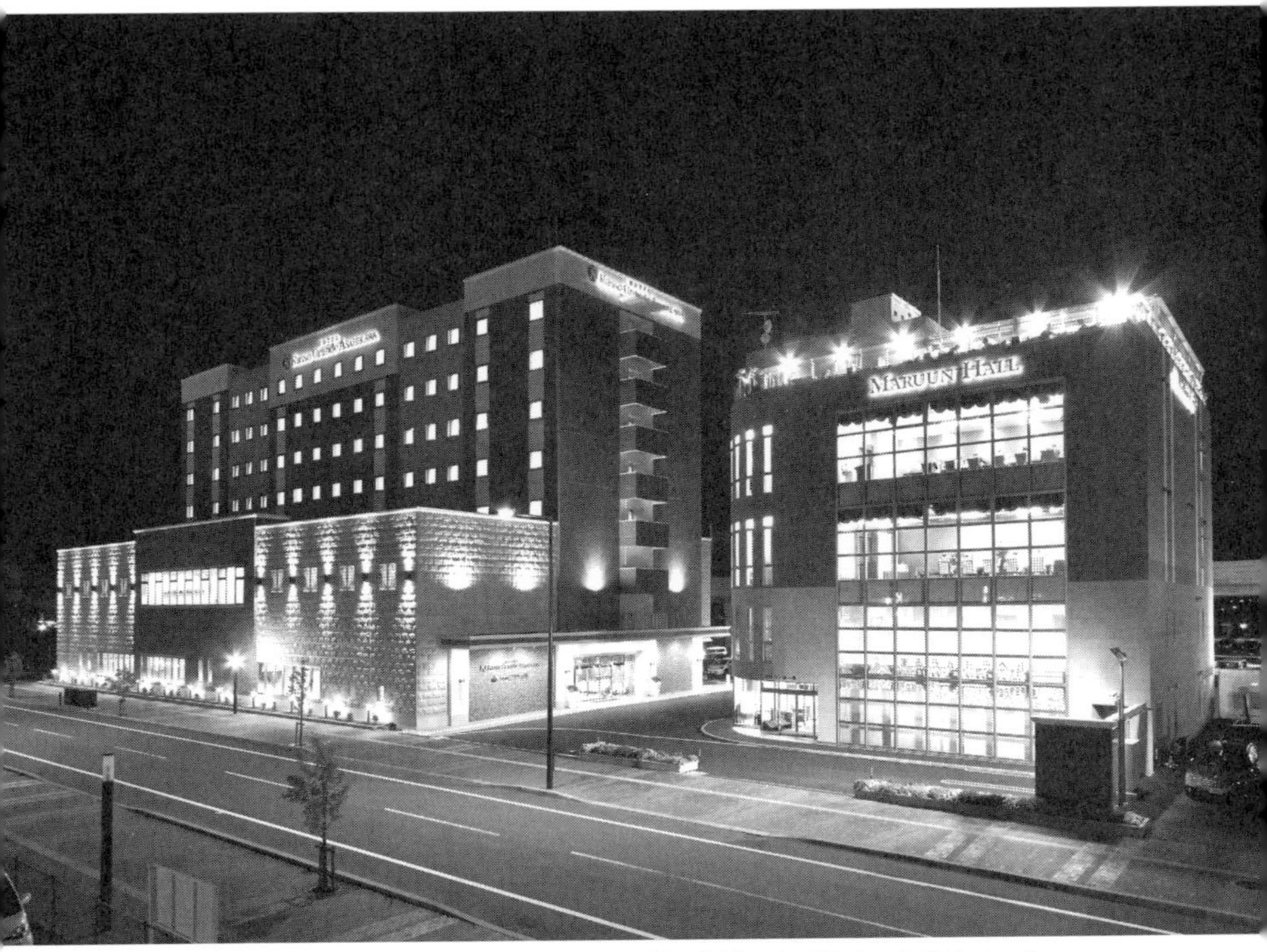

ホテルラッソグランデ旭川。日帰り入浴できる温泉を併設している

ＷＢＦグループとしても、このホテルには力を入れている。地方創生のシンボルになる可能性が高いプロジェクトだからだ。ラッソグランデ旭川ができたことで、着地型旅行を活性化するさまざまなアクティビティやオプショナルツアーも開発できるようになった。この知見は必ず他の地域でも生かせるはずだ。

北海道のラッソ・グループでもう一つ注目すべきホテルは函館にある。函館ロープウエイまで徒歩5分の好立地に建つ函館グランドホテルもいいホテルなのだが、ここで話をしたいのは、そこから歩いて数分のところに新たに開いた小さなホテル「ラ・ジョリー元町」だ。函館グランドホテルの別館扱いにしている。

ここは昔「シエナ元町」といういわゆるブティックホテルで、5年ほど前に閉館になった。グランドホテルの用事で函館を訪れ、その前を通るたびに、もったいないなと思っていた。29室しかない、アンティークにすごく凝ったホテルだった。デザイナーズホテルと言ってもいいかもしれない。

半年くらい様子を見て、地元の不動産屋に「もし、安く買えるならば買うよ」と声を掛けた。

ただ、声は掛けたものの、部屋数も少ないし、どう考えても経営は簡単ではないから、

ラ・ジョリー元町。函館らしい街並みの中にたたずむ

途中、やっぱりやめようかと思ったのも事実だ。しかしその時は「もう遅い」という雰囲気だった。商店街が私たちに期待しているのだという。

函館で今、繁華街として賑わっているのは五稜郭周辺で、元町は正直、寂れてしまっている。昔の繁華街で「銀座通り」という名の通りもあるが、ちっともそれらしくない。そんな場所であるから、小さいとは言え、火の消えたホテルの存在は、地元にとっては困った問題なのだ。そこに私が突如立ち上がって声を掛けてしまったから、元町商店街は大いに喜んでしまった。それを今さら「止めた」とは言えない。「少なくともキレイにしてほしい。そうすれば他に売れるかもしれない」とまで言われ、他社に運営を任せるのも禍根を残しそうなので、当初の計画通りに自分たちで運営することとした。

そうした交渉に数カ月、購入後にリノベーションをして、オープンにこぎつけたのは2015年の七夕の日だ。朝食付きで、夕方6時から9時まではラウンジで簡単なアペタイザーと、ビールとワイン、スパークリングワインをフリーでふるまっている。予約サイトの口コミなどでは「こじんまりしていてサービスがいい」「このホテルは外国人が経営しているのですか?」等、ありがたいことに好評をいただいている。

そんなふうに、中古ホテルにもう一度火を入れる事業もまた、有意義な仕事なのだ。

北海道での展開

ラッソアイスバーグホテル
ホテルスノーゲート札幌
ラッソライフステージホテル
ホテルラッソグランデ旭川
稚内市
旭川市
網走市
小樽市
富良野市
札幌市
釧路市
根室市
帯広市
ホテルラッソ釧路
函館市
函館グランドホテル
ラ・ジョリー元町

いわゆるチェーンホテルのように一様ではなく、それぞれに個性的なホテル。大規模であれ小規模であれ、町おこしとも密接にかかわっているホテル。人を呼ぶための発信基地。そんなプロジェクトはおもしろいから、大いにかかわっていきたいと思っている。

いいことかどうかはわからないが、私はあまりお金を儲けたいと思っていない。むしろ、意味のあることをしたいという気持ちのほうが今は強い。これからの夢は、各種の魅力あるホテルを組み合わせた「ＷＢＦリゾート」の実現だ。

経営者である以上、事業維持のための資金繰りも必要なのだから、先立つものとして利益を追求してきたが、だからと言ってこれまでも、「利益が初めにありき」という考え方はしてこなかった。私はそもそも、経営者として相当に甘いのかもしれない。

夢やイメージ先行で、「こうしたい」と思ってしまったらもう仕方がない。そんな気質は昔からだが、瀬長島ホテルをオープンできたことで改めて、「私たちにもできるのか」という思いを強くしたのである。旅行はマクロだが、ホテルはミクロ。両者の関係は当然、親和性が高い。

大きく見て細かく仕掛ける

ホテル事業について、つい長々と述べてしまったが、決して大風呂敷を広げているわけではない。実際、ホワイト・ベアーファミリーには現在、数多くの問い合わせが舞い込んできている。「ホテルを運営してくれませんか?」という内容だ。

インバウンド需要によるホテル不足は今、誰の目にも明らかになりつつある。だから現在、金融機関も不動産関係者も、その他の企業であっても、多くの会社が「これからはホテルだ!」と思っているし、公言もしている。空いている土地があればホテルを建てたがり、オフィスビルやレジデンスを建てようとしていたオーナーも、計画を変更してホテルを建築しようとしている。

とは言え、いざホテルを建てても自分たちで運営できるわけではないから、オペレーター、つまり運営してくれる企業を探す。あるいは計画段階から参画してもらえる企業を探す。その波がWBFグループにも押し寄せているのだ。

私たちは土地も買いに行くし、物件も買う、賃貸もする。何でもする会社で、さまざまな現場・媒体で経験を積んでいる。そもそも旅行会社が母体となってホテルやレンタカーへと幅広く事業をやっている会社は、日本には他にない。

旅行業であることの強みは、「幅広く大きくモノを観る仕事をしている」に尽きると思う。具体的に言うと、国内であれば沖縄から北海道まで全国津々浦々を対象に、企画を作ったり添乗で行ったり、仕入れに出掛けているから、社員はさまざまな観光地を幅広く自分たちの目で直接見ている。たとえばホテル経営にあたってその商品力を、マクロな目で判断できるのだ。なおかつ、毎日お客様を集めて送客している。その送客力と企画力。

マクロにモノを見ながらミクロ、その地にどう人を呼び寄せるか、を考えることができる会社で、ホテルもオペレートできる、そんな会社はほとんどない。そうしたところが評価されているのだろうと推測している。

言うまでもなく、ビジネスにはスピードが重要である。先に説明したカプセルホテルを含め、この原稿を書いている時点で実は数件、すでにプロジェクトが決まっている。2年後の2017年には、WBF全体でさらに10軒ほどのホテルをオペレートしていると思う。中古ではない。すべて一から参画した新築物件だ。

ケースにもよるであろうが、1軒1軒、その土地ならではのこだわりを持ったコンテンツにしていきたいと思っている。瀬長島ホテルのような立地のホテルはそうは建てられないかもしれないが、さまざまな発信はできると思う。

もちろんこの潮流は私たちだけに向かっているものではないだろう。ホテルオペレーター各社はもちろん、ディベロッパー各社なども、これからはホテルに照準を合わせてくるはずだ。

また、こうした動きとは裏腹に現在、売りに出される既存のホテルも実は多い。これまでのWBFだったら、つまり私だったら、「ラッソ・ブランドの発展のために」と言ってそうした物件に飛びついていたかもしれない。が、これがご時世というものの恐ろしさ、何とこれらすべて「買えるものなら買ってみろ」と言わんばかりの値段である。全く、「誰がこんなに高い値段で買うの?」と言いたくなるほどの値をつけているのだが、外国人の資本家やREIT、ファンドなどが買っている。ホテルの売買市場が賑わっているのはいいことだが、陥穽《かんせい》もまた少なくない。

またしても波乱万丈は必至ながら、WBFリゾートの展開はいよいよ全国規模になろうとしている。これらすべてが、瀬長島から始まった。わが社のような規模の会社でも、やればできると学べたからだ。

相手が全国となると、体制をどうするかも考えなくてはいけない。既存の会社を分社化する方法もある。最終的には全国に地元の会社を設立したほうがいいのかもしれない。正解はまだわからない。だから、楽しい。

チャンプルーリゾートへ

繰り返しになるが、瀬長島クラスのリゾート開発は、そうそう何度もわが社でできる事業ではない。しかし、ＯＫＩＮＡＷＡ Ｊ－Ａｄｖｉｓｅｒの高山社長に指摘されたように、行政を巻き込んで地域と一体となった開発、極言すれば「地域に身を任せた開発」がこれからのホテル業には必要なのだという確信は、ますます強くなっている。

その上で、私たちは瀬長島で掲げた「チャンプルーリゾート」という思想を、これからも大事にしていきたい。ケースバイケースでさまざまなバリエーションは生まれてくるであろうが、その原則は、これからのＷＢＦリゾートにすべて生かしていきたいと思っている。

その第1号として重要な瀬長島ホテルの兼城社長とも、姿勢は一致している。彼は私の構想、またその一成果であるチャンプルーリゾートを沖縄県出身者として後押しし、パワーアップさせてくれる存在だ。

兼城は言う。

「沖縄の人間は、本土の人は恩納村などのリゾートが一番好きなのだと思い込んでいます。本土の人が望んでいるわけでもないのに作られた景色がたくさんある。逆に本土の人が沖縄に望んでいて、まだ提供できていない体験もたくさんあります」

つまりは県外のニーズと、県内の人が作るシーズとにはズレがあるそうだ。それは、沖縄の外から見る機会とウチナーの意識の両方を持つ兼城だからこそ正確に指摘できるズレだろう。

たとえば、那覇市の国際通りのお土産屋さんがある。あそこには、昔は地元の人がたくさんいて、観光客の姿は少なかった。今は逆で、観光客だらけのお土産屋通りと化している。現在のような国際通りを、本当に県外の人は歩きたいと思っているのだろうか。

確かにお土産を買う必要はあるだろうが、沖縄のファンになってリピートしてくれるお客様は、「もっと沖縄っぽいお店」「地元の人に愛されているお店」を求めるはずだ。沖縄ツアー自体にしても、初回こそ恩納村のビーチリゾートを堪能するにしても、2回、3回と訪れるうちには別の沖縄の魅力を求めるようになると思う。たとえば古民家を利用したコンドミニアムのような宿で、アーバンリゾート的に滞在したいと思うかもしれない。

豊かな自然と絶景に恵まれた地域があまたある日本で、なぜ沖縄だけに大勢のリピーターがいるのか考えてみたい。もちろん白いビーチと青い海の素晴らしい自然が無二の魅力ではあるが、それだけではない。沖縄に本土の人間が求めるのはそこに流れる時間と、そこに広がる空間なのではないだろうか。簡単に言えば「ゆとり」と「リゾートの匂い」だ。人懐っこくて優しくて、細かいことを気にしない沖縄の人とのやり取り。それを含めた、ゆったりとした時の流れが、素朴感が、観光客をして沖縄に来た気にさせるのだと思う。

公設市場に行けば、沖縄の人たちと触れ合える、そういった場所に沖縄を愛する観光客も集まると思う。だから「国際通り化」ではなくて、地元の人がたくさん集まる場所を新たに作る必要がある。

リゾートホテルとして隔離された世界を喜ぶのは、いわば旅の素人《しろうと》だ。そうした場所ばかりに送客すると、リピーターには飽きられる。通好みの場所や企画も必要だ。たとえば地元の人がよく行くおいしくてリーズナブルなレストランに、何度も来ている観光客は行きたがる。観光化されている場所はむしろ敬遠し始める。

「その土地を訪ねるのは初めて」というお客様が大半であることを踏まえつつ、ウェルメイドではない、その土地ならではの体験を提供する。地元の人と同じ目線で楽しむのが旅の本質なのだと今では確信している。

同業者とも「混ざり合う」

旅行会社がホテルを仕掛けるからには、他のホテルを商売敵にしないばかりでなく、彼らにも新たな市場を提供できるよう考える姿勢も必要だ。

たとえば恩納村や名護市のリゾートホテルと瀬長島ホテルは、ニーズがバッティングしない。むしろお客様の裾野を広げられる。お客様が沖縄に滞在する3日間を食い合うのではなく、瀬長島ホテルができたことで、その滞在を4日にも5日にも延ばす。あるいはこれまで沖縄に縁遠かったお客様を惹きつけて、瀬長島だけでなく恩納村などにも送客する。そんな関係になれれば、理想的だろう。そのために、これまでにないホテルを作り出したのだ。この分野のパイオニアとして旅行会社が始めた事業であるだけに、失敗するわけにいかない。

幸いにして、瀬長島ホテルに滞在するお客様に今、理想的な傾向が現れ始めている。アンケート結果を見ると、ザ・ブセナテラス（名護市の高級リゾートホテル）やリッツカールトンに泊まってきた、あるいは瀬長島ホテルの後でそれらのホテルに泊まるという回答が増えているのだ。

リゾートホテルへの移動前後に那覇ステイするという需要はこれまでもあった。しかし高級ホテルを選ぶ層が泊まりたいホテルが那覇市には少ない。そこで、瀬長島ホテルが那覇ステイ用に選ばれ始めていると分析できる。

緊張する話だ。そうした客層に恥ずかしくないサービスをしなくてはならない。成功すれば、次回は瀬長島ホテルをメインに据えた旅を検討してもらえるかもしれないのだ。

冬季の記録を達成

さらに意外な喜びもあった。それは宿泊客の中に、2割ほど地元のお客様がいらっしゃるということだ。県内には地元の方をターゲットにしたホテルも確かに最近、増えてはいるが、それにしても、全体の2割という数字は非常に大きい。

これまで県内の宿泊業では、沖縄の人が泊まるニーズは想定されていなかった。ただ考えてみると、沖縄の人が他県に行くには必ず飛行機に乗らなくてはいけない。一家4人で動こうと思えば、足代だけですぐに20万円近い金額になってしまう。そこで県内の旅先として、温泉は新鮮な目的たり得る。ウミカジテラスを併設したリゾートホテルは近場のハレ空間としても最適だ。その結果が2割という数字に表れたのだろうと思う。

そうやって地元の人に喜ばれているから、宿泊だけでなく、ウミカジテラスや温泉の利用客も多い。そんなふうに沖縄の人、つまりは地元の人が集まる場所を、通の観光客は喜ぶ。いわばリゾート版の赤ちょうちんだ。そう、まさにチャンプルーリゾートと言えよう。

また少し数字を出しておこう。

龍神の湯の、地元の日帰り入浴のお客様の利用者数は年間で13万人余り。月に1万人を切ることはない。当初は10万人目標だったので、少し目標を上回っている。県外からの宿泊客も年間7万人あまりは龍神の湯に浸かってくれるから、合計年間20万人が龍神の湯を利用していることになる。

もう一つ、頼もしいデータがある。おわかりいただけると思うが、通常、沖縄のホテルは10月～3月の半期よりも、4月～9月の半期のほうが圧倒的に業績はいい。ところが2年目の下期、2014年になって、10月～3月の半期の売上が、その前の4月～9月の実績を上回ったのだ。もちろん、徐々に認知度が上がってきたという理由もあるだろうが、それだけではなく、温泉というキーワードが当たり、冬季の利用が増えたのだ。少し年齢層の高めの人、そしてファミリー層に受け始めている。先に述べたWBFリゾート沖縄の黒字化は、この皆さまのお陰である。

後はどうやって外国人のお客様をさらに多く、このホテルに送客できるかだが、決して心配はしていない。認知度がさらに高まれば、瀬長島ホテルは、龍神様に守られた、昼夜共に活気の絶えない真のチャンプルーリゾートとして、愛されながら育っていくはずだ。

夜のウミカジテラス。老若男女が22時まで楽しめる

あとがき

「えー、なんや無我夢中でやっているうちに、このたびめでたく、かどうかはわかりませんが、上場させていただきました……」

２０１５年10月19日。私は、ＷＢＦリゾート沖縄の上場を祝うために集まってくれた関係者の前で挨拶をしていた。当日は事業計画説明会も兼ねていたが、同社がこれから沖縄で伸びていくべき方向については社長の兼城が発表した。沖縄の観光業で初めての上場ともなれば、沖縄中の悩める観光関係者、宿泊業者の耳目を集めることは間違いない。これからどんな化学反応が起きてくるのか、本当に楽しみだ。

長く旅行業界にいたせいで、なまなかなことでは楽しめなくなってしまった。だから私が仕掛ける遊び場は、一風変わってしまうことがある。

ウミカジテラスはある意味で不親切な施設だ、エアコンの効いたレストランもないし、広い敷地だが、そこここにＱＲコードがあるだけで、案内板というものがほとんどない。各店舗がどこにあるのか、わかりにくい。ごくたまに、そうした関連のクレームをいただく。確かに不便かもしれない。

しかし、ここは商業施設というよりも、集落として設計している。集落に大きな案内板やうるさいインフォメーションがあったら興醒めだ。景観が壊れてしまう。

ウミカジテラスのもう一つの特徴は「歩き疲れる」ことだ。そもそもここは歩いていただく施設なのである。

30代、40代の女性の意見を聞くと、「沖縄にはお洒落して歩くところがない」とよく言われる。車で駐車場に着けて、そこから建物に入って、デートするとしても居酒屋や商業施設。ショッピングモールに行って、中を歩くことはあっても、外を歩いて気持ちがいい場所がない。着飾って歩きたい場所がない。これでは、せっかくの休暇をお洒落して楽しみたい本土のお客様はつまらない。地元の女性も、デートでいいところを見せられない。だからウミカジテラスでは、夏服と軽やかなサンダルが映える背景を用意した。ぜひゆっくりと歩いていただきたい。疲れたら白いチェアに腰掛け、冷たい飲み物など楽しんでほしい。

――こんなふうに、私は一度妄想に取りつかれるとしゃにむに突っ走ってしまう。長年連れ添った妻は、そんな私を「マグロみたい」と笑う。止まったら死ぬそうだ。さもありなん。

瀬長島の開発は、まさに私が妄想して、暴走して、最後は自分の利益を全部投げ出すつもりになってようやく成し遂げられた。気力が続いた理由には、地元のしがらみがなかったこともあるだろう。沖縄の神様は怖いのかもしれないが、わからなければ必要以上に怖がらなくて済む。

瀬長島ホテルとウミカジテラスがこうして今、皆さんに愛されているのは、対象が難しければ難しいほど燃えるという性格、それ以上に「おもしろいことはやり通したい」という私のバカさ加減が生んだ、ちょっとした奇跡なのかもしれない。沖縄の人、日本中の人、世界中の人に楽しんでもらえたら、苦労のし甲斐があったというものである。

本書をまとめるにあたって金城豊明氏、宜保晴毅氏、髙山征嗣氏、上原芳雄氏にはお忙しい中、特別に時間を割いていただいた。別して感謝したい。兼城賢成氏には取材の労に加えて、本文中で敬称を略していることをお詫びしたい。

兼城、期待しているで。

（撮影：加藤アラタ）

［著者］
近藤康生（こんどう・やすお）
1956年、大阪生まれ。78年、関西学院大学商学部卒業。大学２年生のときに始めたスキーツアービジネスを卒業後に発展させ、81年に旅行会社「株式会社ホワイト・ベアーファミリー」を設立、代表取締役就任。現在、インドネシアや中国を含む約10社によるWBFグループのトップ。瀬長島ウミカジテラスを運営する「WBFリゾート沖縄株式会社」では顧問に退いた。

25億の借金をしても
沖縄・瀬長島につくりたかったもの

2015年11月27日　第１刷発行

著　者――――――近藤康生
発行所――――――ダイヤモンド社
〒150-8409　東京都渋谷区神宮前6-12-17
http://www.diamond.co.jp/
電話／03･5778･7235（編集）　03･5778･7240（販売）
装丁――――――――おおうちおさむ（ナノナノグラフィックス）
本文デザイン――――伊藤 絢（ナノナノグラフィックス）
本文ＤＴＰ―――――小川卓也（木蔭屋）
カバー写真―――――加藤アラタ
本文図版――――――アート工房
制作進行――――――ダイヤモンド・グラフィック社
印刷――――――――八光印刷（本文）・加藤文明社（カバー）
製本――――――――本間製本
編集協力――――――赤城稔（エフ）・安倍企画
編集担当――――――花岡則夫

ISBN 978-4-478-06752-9